中国科普研究所 | 资助

北极星报告

科技类博物馆教育活动研究

（2020）

POLARIS REPORT
RESEARCH ON EDUCATIONAL ACTIVITIES OF
SCIENCE AND TECHNOLOGY MUSEUMS (2020)

鲍贤清　顾洁燕　李秀菊　著

社会科学文献出版社
SOCIAL SCIENCES ACADEMIC PRESS (CHINA)

目录

前言 1

研究方法 10

组织篇

教育职能——科技类博物馆教育工作的重要战场 17

机构设置——科技类博物馆教育人员发展的组织保障 25

人员招聘——科技类博物馆教育人员队伍的第一道关 34

职业发展——科技类博物馆教育人员的专业路径 46

人员培训——科技类博物馆教育人员发展的动力源泉 53

考核激励——科技类博物馆教育人员发展的助推器 63

人员篇

科学素养——科技类博物馆教育人员的核心素质 75

教育素养——科技类博物馆教育人员的必备技能 89

履职动机——科技类博物馆教育人员职业发展的内驱力 100

教育篇

教育生态参与——作为独特教育场域的价值体现 121

受众人群覆盖——实现平等、多元、包容的博物馆教育 136

教育活动研发——博物馆竞争力的保障 155

馆校教育供给——建立和加深课堂与博物馆的联系 172

教育活动评估——持续提升教育品质的保障 182

教育资源输出——扩大社会影响力和辐射面的新举措 194

技术篇

技术应用现状——目前应用于博物馆教育的技术手段 205

技术应用趋势——近年可能进入应用阶段的技术手段 222

总结与展望 240

后记 245

前　言

报告的来由

撰写这份北极星报告是希望为国内科技类博物馆教育的从业者、决策者提供一份有关组织、人员、教育和技术的参考。我们希望通过实地调研、问卷调查和案例研究来反映行业中组织管理、人员专业发展、教育活动设计开发实施的评估现状，以及教育技术在博物馆教育应用中的趋势。

随着近年国内科技类博物馆数量的迅猛增加，博物馆的科学教育功能和影响力也得以快速显现。有必要开展相关研究，反映科技类博物馆发挥教育功能的现状，并适当预测发展趋势。在过去十年中，发挥类似功能的是地平线项目（Horizon Project）。地平线项目是美国新媒体联盟在 2002 年发起的一个计划，旨在发现并预测未来对全球各行各业产生重大影响的新兴技术。该计划期望通过提供专家们对新兴技术应用的真知灼见，帮助世界各地的教育工作者和研究者在不同领域进行创新工作。其中，《地平线报告》是"地平线项目"的一个重要组成部分，分设高等教育版、基础教育版、图书馆版、博物馆版。各版本的地平线报告基本保持格式上的一致性，主要反映该领域技术应用的趋势和挑战，趋势板块按照短期（未来1~2年）、中期（未来3~5年）和长期（未来5年以上）三个阶段来划分；挑战板块按照可解决的挑战（可以理解，且知道解决之道的）、有难度的挑战（可以理解，但还没有找到解决方案的）、严峻的挑战（非常复杂、很难解决的）三种类型来呈现。根据统计数据，在过去十年间，各版本的地平线报告下载量超过100万次，对研究和实践领域都产生了非常大的影响。

其中，《地平线报告（博物馆版）》第一期于2010年10月向全球发布，截至2016年共发布了6期（2014年未发布），这份报告的目的是通过国际化结构的咨询委员会反映出一种全球视角，从而对全球博物馆产生借鉴意义。自2011年起，新媒体联盟授权北京开放大学组织翻译发行中文版，在业界一度引起重视，人尽皆知。《地平线报告（博物馆版）》的发布，对于促进博物馆领域技术融合有着重大意义，对我国博物馆教育的发展也起到了推动作用。[1]

过去十年，在我国博物馆教育飞速发展的形势之下，类似

---

[1] 鲍贤清、陈安琪：《从2015新媒体联盟地平线报告解读博物馆教育趋势》，《科学教育与博物馆》2015年第5期。

地平线这样的行业统领性报告的重要性不言而喻。然而，2017年新媒体联盟由于财务上资不抵债而宣告破产，次年2月EDUCAUSE收购了破产的新媒体联盟，继续发布《地平线报告（高等教育版）》，但是博物馆版却不再发行。

本项目的研究团队希望国内同样能有一份属于自己的反映国内科技类博物馆教育发展情况的研究报告。纵观国内，社会各界对非正式学习及学生的科学教育日趋重视，博物馆作为科学教育体系中重要的场域，提供了多元的科学学习方式，对形成完整的学习生态具有重要作用[①]，由此也获得了更多的关注。国家层面相继出台了数个相关政策。2006年6月，中共中央文明办、教育部、中国科协联合印发《关于开展"科技馆活动进校园"工作的通知》，这是将相关科学教育的校外资源与学校结合的一个重要标志。之后，党中央、国务院出台的《国家中长期教育改革和发展规划纲要（2010—2020年）》《全民科学素质行动计划纲要（2006—2010—2020年）》等文件提出，鼓励和支持科技馆等科普场馆，积极拓展为未成年人服务的功能，促进校外活动与学校教育的有效衔接。2017年，中国科协办公厅、中央文明办秘书局、教育部办公厅印发

---

① 鲍贤清：《科技类博物馆教育活动状况研究》，载《中国科学教育发展报告（2017）》，社会科学文献出版社，2017。

《科技馆活动进校园工作"十三五"工作方案》，明确指出各地科协、文明办、教育行政部门要结合实际认真贯彻落实，充分发挥科普场馆作为校外活动场所对加强未成年人思想道德建设和提升青少年科学素质的重要作用。以上文件的陆续颁布，反映出国家层面对利用校外资源、构建教育完整生态的重视。[①] 相应地，各地各级相关部门开始响应国家的号召，北京、上海、杭州、广东等城市接连发布相关文件，其中都提到了关于加强馆校合作、重视博物馆活动等要点，各科技类博物馆也都撸起袖子加油干，不断在实践中寻找灵感，积累经验。但是，我国毕竟处于场馆教育的探索阶段，尝试的过程中难免存在各类问题和困难。因此，本团队成员一致认为，在目前这个阶段对国内科技类博物馆的发展情况进行调研是必要之举，借此可将全国范围内科技类博物馆发展现状反映给社会，并为各博物馆后续的发展提供一些有力的抓手和方向。

研究对象的选取

本报告试图反映国内科技类博物馆教育的发展现状、遇到的

---

① 鲍贤清、顾怡雯：《科技类博物馆提供中小学科学教育资源的现状研究》，载《中国科学教育发展报告（2019）》，社会科学文献出版社，2020。

困难和挑战以及近期的发展趋势。这对选取有代表性的研究对象提出了挑战。全国科技类博物馆数量众多，在各地区分布不均。学科上涉及生物、地质、农业、天文等多种类型；主题上有综合类、专题类、行业类；运作方式上也有国有和企业化运作的差异。课题组从研究目的出发确定以下维度作为选取研究对象的参考。

①地域分布。根据我国科技类博物馆地域分布情况[①]，在数量居前的省（区、市）中选择样本。

②类型分布。所选取的馆既有自然和科技的综合类场馆，也包含了天文、地质、海洋等专题类场馆。在场馆的体量规模上，涵盖了国家级、省级、市级三个层面。在运营方式上，包含了17家国有场馆和3家企业化经营场馆。在面向对象上，样本中还包括了专门面向儿童开放的呼和浩特市儿童探索博物馆。

③馆校、研学教育开展情况。为反映博物馆教育中馆校和研学的情况，在样本选择上也考虑了馆校结合开展得比较早或者具有特色的城市和场馆。20个样本中有11家是全国性或地方性研学基地。

---

① 我国科技类博物馆现状及发展对策研究课题组等：《我国科技类博物馆现状调研报告》，《科普研究》2009年第4期。

课题组希望能实地走访每一家场馆，通过与博物馆教育管理者、教育工作人员的深度访谈和实地调查，真实了解场馆开展教育活动的情况，并将获得的信息置于实地场景中来理解各馆的教育工作。限于研究团队的人数和时间精力，本次调研能走访的场馆数量还比较有限。

综合上述考量，本报告选取了如下20家场馆作为首份北极星报告的调研对象（按拼音排序）：北京天文馆、北京自然博物馆、重庆科技馆、福建省科技馆、广东科学中心、合肥科技馆、黑龙江省科技馆、呼和浩特市儿童探索博物馆、江苏省科学技术馆、辽宁省科学技术馆、山西省科学技术馆、上海交通大学钱学森图书馆、上海科技馆、上海中国航海博物馆、上海自然博物馆（上海科技馆分馆）、索尼探梦科技馆、厦门科技馆、郑州科学技术馆、中国地质博物馆、中国科学技术馆。

报告的结构

本报告分为组织、人员、教育、技术4个篇目，共17个指标（见图1）。每个指标描述为现状、困难、挑战和趋势四个条目。这个篇目－指标－条目的划分既是我们对科技类博物馆教育实践现状的思考，也是通过调研逐渐生成的结构。

与之前《地平线报告（博物馆版）》主要关注新兴技术不

前言

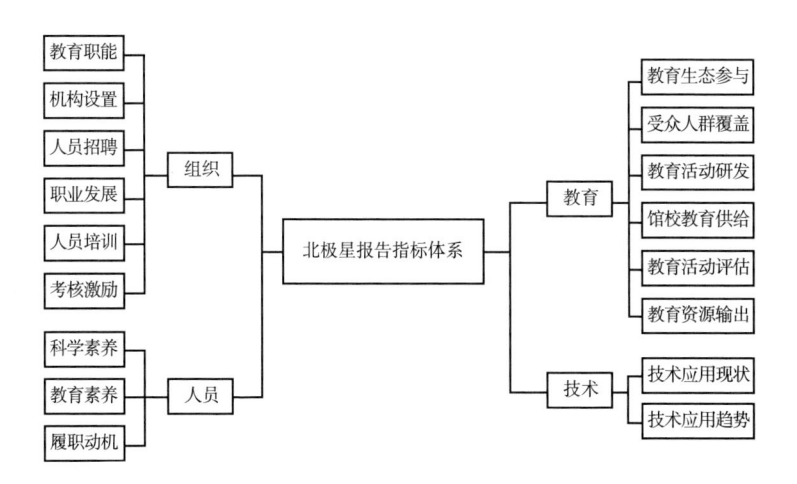

```
教育职能 ┐
机构设置 │
人员招聘 ├─ 组织 ┐
职业发展 │      │
人员培训 │      │
考核激励 ┘      │
              ├─ 北极星报告指标体系 ─┬─ 教育 ─┬─ 教育生态参与
科学素养 ┐    │                     │        ├─ 受众人群覆盖
教育素养 ├─ 人员 ┘                  │        ├─ 教育活动研发
履职动机 ┘                          │        ├─ 馆校教育供给
                                    │        ├─ 教育活动评估
                                    │        └─ 教育资源输出
                                    │
                                    └─ 技术 ─┬─ 技术应用现状
                                             └─ 技术应用趋势
```

图 1　北极星报告指标体系

同,《北极星报告》的关注点是科技类博物馆教育职能的发挥。虽然研究团队在近年的科学教育蓝皮书《中国科学教育发展报告》中持续撰文反映场馆教育活动开展现状,但毕竟篇幅、调研的深度有限。因此,希望通过本报告将科技类博物馆开展实施教育活动中的各种影响因素更全面地呈现出来。

报告的主轴是组织、人员、教育、技术,通过这四个维度,我们希望分层呈现影响博物馆教育活动开展的因素,更希望揭示它们相互之间的作用和关系。

组织的定位和愿景是博物馆教育职能实现的保证。组织的架构服务于博物馆战略发展的需要,直接决定了其人员的定位和核心素养要求,也决定了其在人员、教育、技术上的投入。

人员是博物馆教育活动开展的基础，教育是博物馆的核心职能，技术是博物馆教育进一步拓展和发展的动力。虽然我们的意图是反映博物馆教育的现状和趋势，但其背后呈现的是博物馆管理者的理念、教育工作者的专业和付出。科技类博物馆教育人员是开发、实施教育活动的核心力量，他们的专业化水平和实际工作能力直接影响场馆教育资源的利用和教育功能的发挥。

教育是科技类博物馆的首要职能。随着学校、公众对非正式科学教育的重视，博物馆教育的外延和内涵、教育活动的受众面和教学方式都在变化之中。每个博物馆教育特色的彰显都得益于组织层面的定位、专业人员的投入和技术的支持。

技术给各个领域带来了巨大的改变。信息技术的使用正改变着博物馆教育的方式。后疫情时代，技术甚至会重塑博物馆教育资源的样态。技术的应用会反作用于组织对自身价值和使命达成方式的思考，对人员的能力模型提出新的要求，为教育提供更多的可能性，也将是博物馆应对不确定性风险的必然选择。

组织、人员、教育、技术的各项指标都依据其内在逻辑进行再划分，由现状、困难、挑战和趋势四种类型构成（见图2）。

现状：研究团队通过问卷、测试、访谈，获得的目前场馆发展的现实情况。

```
         ┌── 现状
         │
         ├── 困难
指标 ────┤
         ├── 挑战
         │
         └── 趋势
```

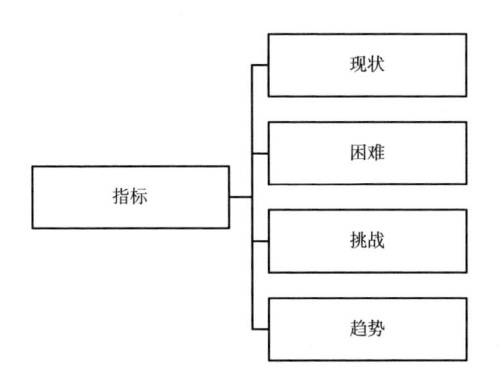

图 2　指标分析的类型

困难：主要由外部因素引起或受制于外部因素的，阻碍组织、人员、教育和技术发展的因素。

挑战：主要存在于系统内部或由内部因素引起的，阻碍组织、人员、教育和技术发展的因素。

趋势：结合教育领域、博物馆领域的相关报告，博物馆教育部门的管理者、领域专家共同进行的对近期发展的预测。

研究方法

本报告主要采用调查研究法，借助问卷、测验等形式进行量化数据的收集，借助访谈的形式进行质性数据的收集。在调研对象方面，鉴于我国地大物博、科技场馆众多，经过课题组的讨论及筛选，最终确定了20家具有一定代表性的科技类博物馆作为本研究的调研对象。

研究团队实地走访选取的博物馆，与博物馆教育主管和工作人员进行半结构化访谈。由于各场馆的部门分工并不相同，教育活动的设计、实施、评估涉及多个部门，馆内教育活动和馆校活动也会涉及不同部门，因此，调研时我们请馆方协调，尽可能多地访谈相关部门的负责人和教育工作者。

本研究还对第四届科普场馆科学教育项目展评中相关博物馆的教育活动进行案例分析，分析其中的教学设计。本次调研主要分为组织、人员、教育、技术四大篇目。各篇目具体调研思路及使用工具如下所述。

组织篇

本篇目主要从管理视角,论述科技类博物馆组织的现状,面临的挑战、困难和未来的发展趋势。主要包括教育的职责范围、部门架构、岗位性质,以及人员的招聘、培训、考核、激励等内容。采用了访谈的方式,对象为科技类场馆的中高层教育管理者。

人员篇

本篇目包括教育人员的履职动机、科学素养和教育素养情况。这部分采用了问卷和测验的方式,对象为一线教育人员。问卷包括履职动机和科学态度两部分内容,测验主要是测试教育人员的科学知识与能力、教学知识和教学设计能力。

履职动机问卷的编制参考了"教师职业选择影响因素"(Factors Influencing Teaching Choice,FIT-Choice)模型和量表,结合科技场馆领域的实际情况进行了改编,考查教育人员的履职信念和择业动机。科学态度问卷的设计参考了南京大学教育研究院于2012年编制的"全国小学科学教师科学素养研究"问卷中的题目,以及美国"2061计划"、《下一代科学教育标准》、美国国家科学基金会展览效果评估框架等文件对科学教育目标的设置，并结合博物馆科学教育（非正式教育）的特点对题目进行修改，考查教育人员在活动策划和实施中的价值取向。测试题的设计包括三部分内容，即科学知识与能力、教学知识和教学设计能力。科学知识与能力测试题选取了"国际学生评估项目"（Program for International Student Assessment, PISA）2006年和2015年科学素养测评中的部分题目、美国科学教师的教学评价研究（Assessing Teacher Learning About Science Teaching, ATLAST）项目部分题目，这些题目均采用情景化题组的形式呈现问题情境，不仅考查知识还考查隐含在知识背后的能力，教学知识和教学设计能力测试主要参考教师资格考试材料分析测试题和教学设计测试题的形式，以科技场馆的展品展项、教育活动设计和实施中的真实案例来考查教育人员教育理论素养，同时以"海洋污染"为主题要求教育人员设计教育活动，考查活动设计能力。

教育篇

教育篇主要采用半结构化访谈的方式进行质性数据的收集。教育篇访谈提纲的编制基于研究团队近年在科学教育蓝皮书中的研究课题、国内外相关文献和前期对个别博物馆的走访。访谈提纲主要围绕教育活动的框架设计、教育活动受众分布、教育活动的"设计—开发—实施—评估"流程、馆校结合四大维度。

技术篇

技术篇着眼于目前科技类博物馆中教育技术的应用状况和近期应用趋势两个维度。课题组参照美国新媒体联盟所发布的《地平线报告（博物馆版）》中涉及的教育技术，结合当下教育领域的技术热点和相关文献，制作了面向教育管理者的技术应用现状和趋势预测的访谈表。通过实地走访、结构化调查和半结构化访谈的方式，得到受访博物馆的教育技术应用现状及其教育部门对近期技术运用的预判。

鉴于国内科技类博物馆技术运用的现状，课题组还对欧美博物馆中的教育技术应用做了案例搜集和分析，作为补充。

组织篇

教育职能
——科技类博物馆教育工作的重要战场

展览和教育活动是现代博物馆经营管理的核心内容，教育是博物馆的首要功能。教育职能的范畴体现了一个博物馆社会功能发挥的深度和广度，是博物馆体现社会价值、扩大社会影响力的重要因素。

现状：展览教育、课程表演、公众活动、馆校合作是主要的教育工作

20家实地调研的科技类博物馆均开展了丰富多彩的教育活动，归纳起来，展览教育、课程表演、公众活动和馆校合作这四类工作开展得较普遍。其中不少场馆在可移动教育资源开发上注重科学课程和内容的挖掘，形成了富有特色的"招牌"项目。馆校合作近年来也得到了普遍的重视和发展。

发现1：教育职能范畴总体类似

科技类博物馆的教育工作主要包括四大类。第一类是展览

教育，主要是在展厅内围绕展览展品开展的教育活动；第二类是课程表演，主要是在场馆内外开展的动手做课程、STEM课程、科学实验和表演等；第三类是讲座、竞赛、科普大篷车等公众活动；第四类是馆校合作。

100%的科技类博物馆都开展了展览教育，90%的场馆有课程表演，80%的场馆有公众活动，60%的场馆有馆校合作类项目（见图1）。

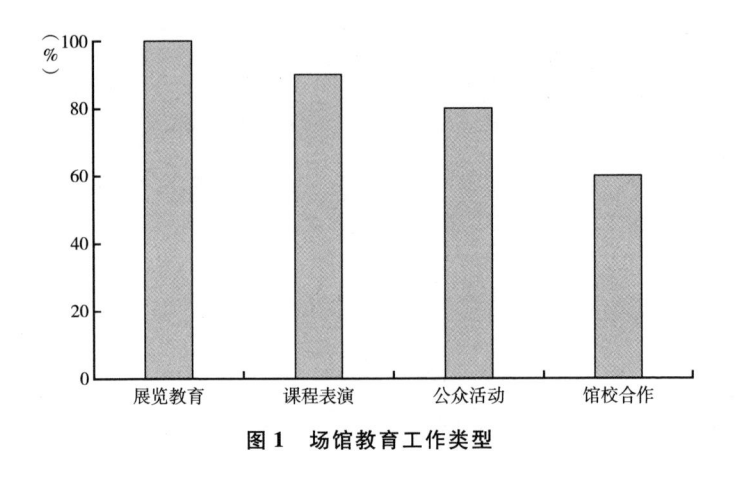

图1 场馆教育工作类型

发现2：课程和表演类富有特色

不少科技类博物馆通过挖掘与观众生活有关的，观众感兴趣、乐于探究的内容，结合科学课程标准，开发了富有特色的课程类和表演类可移动教育资源。在博物馆全行业中取得了较好的成效，同时也体现出科技类博物馆的特色及其具有理论支撑的专业化水准。

（1）课程类

上海自然博物馆针对3~18岁的未成年人设计了一系列探究课程和可动手资源包，如自然探索移动课堂、小小博物家。其中，自然探索移动课堂采用观察记录、动手实验、角色扮演、讨论对话等学习方式，涉及昆虫、生态、植物、天文、地质、人文、进化等主题；小小博物家包括"岩石与矿物""管窥自然""化石探秘"3个主题11个资源包，学员可以根据指导手册自主完成对标本的观察、记录，从而进行对比、分析和总结。

（2）表演类

索尼探梦科技馆开发的科普童话剧是在中国首创的表演形式，科普童话剧将科学实验与现代戏剧巧妙地融为一体，以引人入胜的故事为载体，穿插有趣的科学实验与科学现象，以舞台、灯光、音响、多媒体等新奇的方式诠释科学知识。目前已经开发了十余部科普剧。

发现3：馆校合作近年蓬勃发展

受国家政策等的推动，近几年，约60%的科技类博物馆的馆校合作项目已经发展得较为成熟，主要分布在教育改革试点启动较早的北京、上海、重庆等地，这些博物馆设置了专门的工作团队，建立了对应的工作机制，取得了一定的成效，并且仍处于进一步深化完善中。另外一些场馆虽然没有系统地开展馆校合作项目，但是也普遍设有为学校参观提供的教育服务，如讲解辅导、课程活动等。

2015年10月，重庆科技馆在全国率先启动馆校结合综合实践活动项目。如今，重庆科技馆已经累计与160余所中小学校签约开展"馆校合作"，累计研发馆校合作课程134门。2016年，上海科技馆也启动了馆校合作项目，目前分为青少年科学诠释者、博老师研习会、校本课程、实习研究员四大类。中国科技馆已经与200所学校签约，馆校合作的项目主要有三大类，分别是组织游学、教师培训和课程开发。此外，中国科技馆还计划与学校兴趣班、学校社团结合，充分发挥科技馆的平台作用。

趋势：教育文创、线上教育、分众教育、观众研究将成为重要的教育职能

随着政策的推动和博物馆自身发展的需要，一些先行的科技类博物馆开始拓展教育工作的范畴，未来，教育文创、线上教育、分众教育、观众研究将逐步发展成为科技类博物馆的重要教育职能，对提升博物馆的社会功能起到重要作用。

发现1：教育文创于探索中发展

少数具有较强研发基础以及个别作为博物馆文创试点的场馆，开始致力于出版物、资源包、展教具、巡展等的开发，并通过面向C端和B端的知识产权运作、众筹等方式拓展科普受益面，试水行业或跨行业的合作。随着国家对于"博物馆文化创意工作"的进一步推动和各地相关政策的逐步出台，预计未来1~3年，少数场馆有望在这一领域投入更多的资源，谨慎试水。

上海中国航海博物馆自主策划研发约400种衍生品，包括船模、文具等七大类。目前正在寻求与企业的合作，以便引入资金开展全方位的开发活动。上海自然博物馆依托课程开发《自然趣玩屋》动手做材料包等教育文创衍生品，并将课程授权给商场、书店等机构。

发现2：线上教育得到高度重视

有约三分之二的场馆教育部门负责微信公众号的运营，或为公众号提供科普内容，以活动信息发布为主，文章质量不高且公众号影响力较弱。有少数场馆已经或即将开发视频、动画、游戏、慕课、漫画类高复合性内容。受2020年新冠肺炎疫情的影响，绝大多数科技类博物馆开展围绕场馆课程、疫情知识的线上科普，预计未来将有更多的场馆加强对公众号发布内容的统筹，对策划高质量线上科普资源的需求将进一步提高，并催生对科普写作、科学传播、音视频编辑等相关专业人员的招聘及培训需求。同时，科技类博物馆也将利用腾讯、抖音、哔哩哔哩等第三方平台投放内容，吸引潜在的受众，进而带动提升实体展馆的参观量。

2020年上半年，中国科技馆发起"全国科技馆联合行动——科学实验挑战赛"，科技场馆的教育人员利用身边和家中可见的材料演示各类科学实验，打造线上的空中课堂。围绕2020年天文热点，上海科技馆与线下展览同步推出"日月魅影——日食特展"线上展览，以虚拟浏览方式带领网民登上天文观测台。厦门科技馆于2020年推出年卡会员专属线上课程，每个月都设置了专属会员的科学主题课程，会员学生每个月都将跟随一位科学家的脚步，以他们各自的领域为课题，揭示科学奥秘与原理。

发现3：分众教育丰富场馆形象

除了开发面向青少年、亲子家庭、学校的项目，有的科技类博物馆也产生了面向游客、教师、幼儿、特殊人群、青年人、社区居民、线上访客等多元人群的项目。这种精准化的观众策略使得科技类博物馆丰富其社会形象成为可能，有机会改变之前"科技馆是孩子去的地方"的单一印象。如果没有外部政策或项目的推动，预计未来 1~3 年，两极可能进一步分化，即少数场馆在分众教育方面做得更加成熟，而部分场馆仍然固守原有的教育范畴。

旅游休闲是博物馆的重要功能，"游客"是博物馆的重要服务对象。2020 年高德地图关于五一假期周边游的"热门博物馆"前十榜单显示，除上海自然博物馆排在第二位外，其余均为文博类博物馆。可以肯定的是，科技类博物馆具有充分的条件来实现旅游休闲这一功能，而不仅仅是一个只有学习者才可以利用的场所。

发现 4：观众研究呈网络状发展

科技类博物馆普遍认为观众研究非常重要，基本上都开展过满意度调查，但并非强制性开展。而对教育效果的评估还非常少，只有少数场馆曾开展过类似的评估。在学习效果评估方面，目前场馆碰到的主要困难是评估工具、人力资源和时间精力的缺乏。预计未来 1~3 年，个别有志于开展学习研究的场馆，将与高校等机构的专业研究者一起，在学习效果评估方面建立起一套研究方法，形成一批可推动行业发展的研究成果。

以近两年中国科普研究所组织的馆校合作科学教育论坛为例，观众研究和效果评估类的投稿论文始终未超过 10 篇，约占所有投稿文章的6%,中国科技馆、合肥科技馆等均已开始推进系统的教育项目评估。2020年,中国博物馆教育研究中心发起"博物馆研究网络"活动,上海自然博物馆、中国儿童中心老牛儿童探索馆是其中科学类博物馆的代表;上海自然博物馆推动上海自然科技教育联盟成立"观众研究与评估工作小组"。

机构设置

——科技类博物馆教育人员发展的组织保障

盖尔·洛德等认为管理的目的是优化决策流程,使其更有效地为博物馆宗旨、使命服务。博物馆管理者要根据博物馆的战略目标和运营目标来设计组织架构、配备人员和整合组织力量,以提高组织的应变力。

组织架构是战略实施的主体,战略不同,组织架构必然随之调整。就像蜗牛与羚羊,蜗牛的战略是当危险来临时就缩进硬壳里面,所以蜗牛需要背着硬壳到处走;羚羊的战略是当危险来临时就要快速奔跑离开,所以羚羊就需要强健的四肢。如果让羚羊背上硬壳,又怎么能实施快速奔跑的战略呢?

现状:均有专门的教育部门但业务分工各有特点

在本次调研的样本中,每家科技类博物馆均设置了独立的教育部门,在命名方式上不尽相同,如科普部、社教部、宣教部、展教服务处、展教中心等多种名称。从教育部门的组织结构上看，各家场馆各有特点，主要组织架构呈现"扁平化"和"立体化"两种类型。此外，部分场馆开始设置与展教部门并行的营销类部门，负责教育服务、教育文创等内容的运营和推广。

发现1："扁平化"和"立体化"并存

科技类博物馆在教育部门设置风格上呈现两种类型：一类是比较扁平的组织结构，教育部门下不再分设不同机构，但会根据业务条线的不同对人员进行具体分工；另一类是比较立体的组织结构，在教育部门下划分多个层次，如分设不同部（科），各部（科）下再根据业务门类细分不同组。两类机构设置风格各有优势：较为扁平的组织结构更有利于部门内部人员的交流，员工有机会尝试各类不同的业务，有助于发掘员工潜能，促使汇报路径简洁明了，业务开展更有效率。立体化的组织结构有助于提升教育人员队伍的专业化水平，专人专岗也有助于真正实现"专业人做专业事"。

北京索尼探梦科技馆全馆分为三个部门，教育相关工作均由展馆运营部负责，部门下不再分设机构。山西省科学技术馆，则由展教中心负责具体教育工作，但不再下设部门，在具体工作中会根据每个人的优势进行一些有所侧重的分工，而整体的策划、实施工作还是由团队中的成员轮流开展。辽宁省科技馆的科学教育部,其下又细分为四个部门:一是展教部,主要开展基于展品的展览教育;二是观众服务部,负责日常接待;三是特效影视部,负责影视教育;四是科学工作室。

发现2:根据业务需要增设部门

伴随着博物馆开放程度的提升,博物馆日益重视对教育服务、教育文创等内容的运营和推广,以期获得更大的社会效益。因此,不少博物馆在机构设置上单设了外联部、服务部、培训部等机构,来负责场馆教育业务的对外合作、教育文创及服务的推广营销、教育品牌的运营等业务。

厦门科技馆在展教部外专门设置外联部,负责临展、微信公众号运营、科技馆活动的运营和推广以及与相关机构的合作事宜。江苏省科学技术馆在展教部之外,专门设置培训外联部,与展教部门并列,主要负责市场化运营、教育活动的收费等事宜。重庆科技馆专门设置观众服务部,负责面向青少年的科技馆培训课程的推广运营工作。

趋势:部门设置呈现"大教育"和"分工化"特点

教育管理者的素质会对教育部门的部门结构、层级设置产生影响。如实行事业部制,就需要有比较全面的领导能力的人作为事业部负责人；若实行矩阵结构，项目经理人选则要求有较高的威信和良好的人际关系，以适应其责多权少的特点。管理者的专业水平较高、领导经验较丰富、组织能力较强，就可以适当地扩大管理幅度，相应地，就会导致管理层级的减少，进而提高管理效率。

受访的科技类博物馆中近一半场馆的教育职能采用事业部制的大部制方式设置，归属于场馆中同一个一级部门，其余场馆的教育职能分散在2~4个不同的一级部门，总体呈现"大教育"的特点。在具体的岗位设置与分工上，则根据场馆的实际情况决定展厅运行、讲解辅导与课程表演类教育活动相关工作是否分设不同的团队，呈现"分工化"的特点。随着教育文创等新职能的引入，有些场馆开始调整组织架构或岗位设置。

发现1：职能归集与分散并存

各场馆的教育部门职能归属存在以下两种情况：有近一半场馆的教育职能归属于场馆中同一个一级部门，由该部门根据工作需要设置下属二级部门或不同的工作小组负责各类教育工作；其余场馆教育职能分散在2~4个不同的一级部门，各部门分工不同，相互配合实施教育工作。有个别场馆近几年计划或者已经根据工作需要进行了职能重新分配或调整；大部分教育管理者没有提出对现有教育职能（无论是集中还是分散）

进行调整的意见。

各场馆教育职能归属情况如图1所示，有9家场馆的教育职能归属于场馆中同一个一级部门，另外有5家场馆教育工作归属于2个部门，5家场馆的教育工作归属于3个部门，1家场馆的教育工作归属于4个部门。

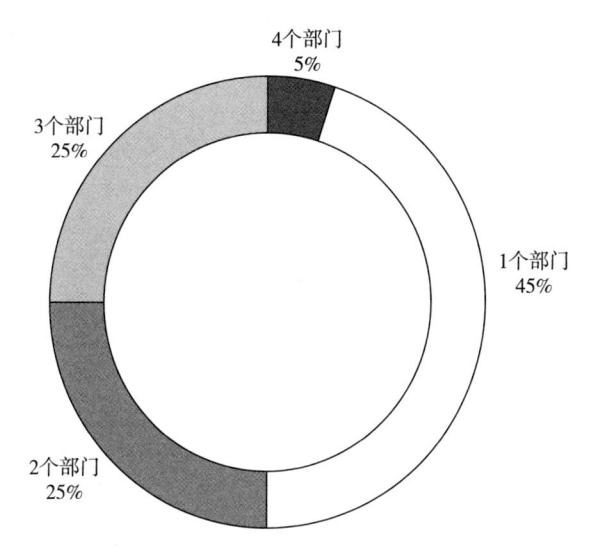

图1　各科技类博物馆教育工作所属部门

呼和浩特市儿童探索博物馆由教育活动部承担教育职能，下设展区服务和场馆教育活动两个小组，展区服务小组主要负责展厅维序、日常展项检查和报修、辅助和引导家长体验活动以及教育活动实施等；场馆教育活动小组负责研发和执行教育活动。

黑龙江省科技馆教育工作由三个部门共同承担：展教部、

培训实验部和外联部。展教部负责以展厅为主的教育活动,包括讲解导览、科学实验、科学表演等。培训实验部负责以教室、实验室为依托的教育活动以及拓展类的馆校合作活动。外联部负责公众活动,如赛事、科普讲座、节日活动、冬夏令营、微信运营、宣传推广等。

发现2:岗位分工化趋势明显

在具体的岗位设置与分工上,由各场馆根据实际情况决定,主要呈现以下几个特点。

第一,各场馆展厅运行岗位与讲解辅导岗位的设置有所不同。约三分之一的场馆将展厅的运行工作(如开关机、维序、展品保养等)与讲解辅导工作分开,由不同岗位或不同小组负责;其余近三分之二的场馆则将展区现场的所有职能合并成一类岗位,即我们熟悉的"五大员""全能型"岗位。

第二,各场馆展厅讲解辅导工作与课程表演类教育活动设置有所不同。有约三分之二的场馆将展厅讲解辅导工作与课程表演类教育活动分开,由不同岗位或不同小组负责。值得关注的是,有多家场馆是近两年才将这两部分工作分开的,可见行业普遍认为有必要进行一定的专业细分。少数场馆单独设立"培训部"向市场提供课程收费服务,多为企业或公益二类场馆。

第三，在岗位分工上存在以"块"为主的管理模式、按照"业务流程"设立不同小组的管理模式以及"项目制"方式三大类。绝大多数场馆按照业务模块分设不同小组，类似于企业的事业部制，是一种以"块"为主的管理模式，比如展览教育组、科学活动室、馆校合作组等。有个别场馆在探索按照业务流程设立不同小组的管理模式，包括研发、生产等主要环节，比如分设"研发或策划部""课程等的实施组"等，主要出发点是"用人所长"，以充分挖掘人员的潜能。一些场馆采用更加灵活的"项目制"方式，打破部门职能的藩篱，组建项目团队，推进非经常性的一次性项目。

各场馆基础岗位人员分工如图 2 所示：有 7 家场馆将展厅运行岗位与讲解辅导岗位分设，由不同岗位或不同小组负责，13 家场馆的展厅运行岗位与讲解辅导岗位合并，由同一小组负责；有 12 家场馆将展厅讲解辅导工作与课程表演类教育活动分设，由不同岗位或不同小组负责，8 家场馆将展厅讲解辅导工作与课程表演类教育活动合并，由同一小组负责。

重庆科技馆展览教育部分为三大展区，人员主要负责常设展厅基础运营、开关机、维序，基于展品的辅导，教育活动实施和策划，馆校结合课程等工作。

上海自然博物馆分设了研发部和活动实施部，根据教育人员特长竞聘上岗，研发部教育人员擅长各类活动策划，实施部

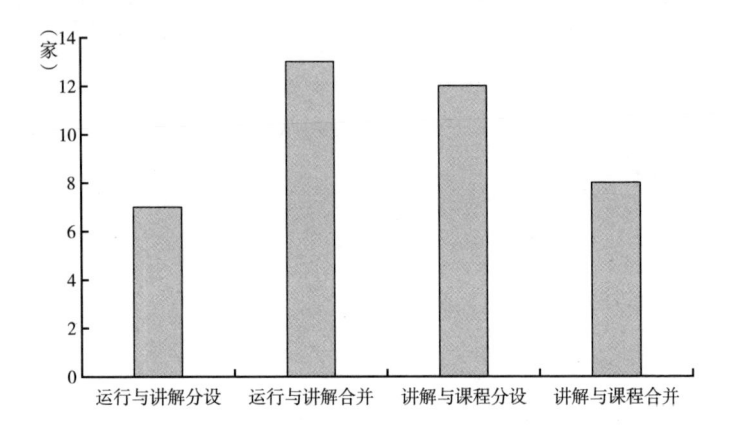

图2 各场馆岗位设置情况

门教育人员在活动实施方面经验丰富。研发部策划好活动后进行预演、考核，修改完善后培训实施部门的教育人员，实施部门的教育人员在后续实施中不断优化活动，两方相互配合共同提升教育活动效果。

广东科学中心的活动策划与馆校等拓展类项目采用"项目制"管理模式，其每年都会做项目计划，每个人都可能是不同项目的负责人，项目与职能相互交叉，大型项目集全中心之力运行。

发现3：新职能推动机构变革

在新的社会需求推动之下，随着博物馆教育职能范畴的扩展，科技类博物馆的部门和岗位设置也有所调整，以适应新的工作需求。

2016年左右开始，北京自然博物馆应文创工作需要，在办公室设立了专门的文创专员岗位，教育部门的一名教育人员成为首批文创岗位的员工并延续至今，负责围绕科普教育活动进行文创产品的创意设计，并根据用户反馈推进量产工作。

上海科技馆于2009年开始制作科普影片，于2011年成立科普影视创作部，目前已经累计创作纪录片14部，四维和球幕电影12部。

在《博物馆管理手册》一书中，作者提出美国的博物馆通常会设置评估主管一职，这个职位与教育主管、展览主管等岗位属于同一层级，共同向公共项目部（一级部门）负责人汇报。主要负责：评估公众在博物馆中的体验、设计和执行博物馆的评估计划、设计和实施观众与非观众调查、开展展览评估、实施项目评估，在参与展览设计、公共规划和其他公众项目开发时进行过程性评估。这种专职评估岗位的设置值得我国博物馆借鉴。

人员招聘

——科技类博物馆教育人员队伍的第一道关

人员招聘是科技类博物馆实现人力资源组合和更替的重要手段，更是场馆长期发展和实现战略目标的重要法宝。招聘到与岗位需求相适应的员工，对组建专业化的展教人员队伍而言，有着至关重要的意义。

挑战：如何招聘到适合岗位需求的员工

科技类博物馆教育人员是开发、实施教育活动的核心力量，他们的专业化水平和实际工作能力直接影响着场馆教育资源的利用和教育功能的发挥。因此，招聘到满足岗位实际能力需求的员工对科技类博物馆教育部门而言至关重要。在目前的招聘制度下，科技类博物馆往往通过"事业单位统一笔试"+"用人单位自主组织面试"的方式进行招考。北京师范大学伍新春教授通过"科技场馆教师胜任特征模型"的研究，总结科技类博物馆教育人员的胜任特征应当包括专业知识与技能、工作能力、发展意识、职业精神、履职动机五大类以及下分的18项能力素养。从现有招聘模式来看,统一考试和传统的面试难以让用人单位有效了解应聘人员是否具备胜任岗位的能力,造成部分员工入职后实际能力与岗位需求不相匹配的状况。本书在参考"科技场馆教师胜任特征模型"的基础上编制访谈提纲,对教育部门管理人员进行访谈,旨在了解教育管理人员对于员工胜任岗位所需能力的预期和评价。

发现:管理者对"职业精神"的高度重视

为了解管理者看重员工的哪些能力,以及他们对员工现有能力的评价与其预期是否相符,采用北京师范大学伍新春教授提出的"科技场馆教师胜任特征模型"(见图1)对教育管理者进行访谈。[①] 在专业知识与技能、工作能力、发展意识、履职动机、职业精神几项核心内容中进行优先等级排序,并对员工现有的能力进行评价。综合分析20家场馆教育部门管理者的排序结果,可知五项能力的优先级排序由高到低依次为:"职业精神""工作能力""专业知识与技能""发展意识""履职动机"。在关于"目前教育人员能力评价"方

---

① 伍新春、王莹、张宜培:《科技场馆教师胜任特征模型的构建》,《教师教育研究》2017年第4期。

面，管理者普遍认为，"专业知识与技能""职业精神"两项是目前员工最欠缺的能力，"工作能力"是目前管理者相对较为满意的能力。

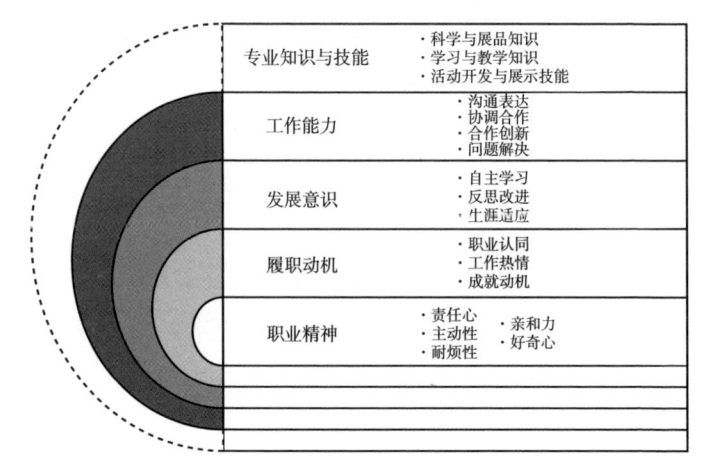

图1 科技场馆教师胜任特征模型

在解释胜任能力排序时，管理者将"职业精神"排在首要位置，认为"职业精神"是教育人员开展各类教育工作的前提条件，最好在招聘时就能明确了解。"工作能力"被排在第二的位置，管理者认为教育工作对沟通、协调、合作、创新等方面的能力要求较高，此类能力也可以在实际工作中进行磨炼和培养。"专业知识与技能"排在第三的位置，与"工作能力"的优先级差别不大。管理者认为，教育岗位作为实践性较强的工作，相对而言，解决实际问题的能力显得更为重要,而专业知识可以通过学习背景来了解,短板可以通过职后培训来弥补。"发展意识"和"履职动机"两项被排在靠后的位置。管理者认为,这两项能力在招聘时很难现场了解到,需要在长期的工作过程中进行观察(见图2)。

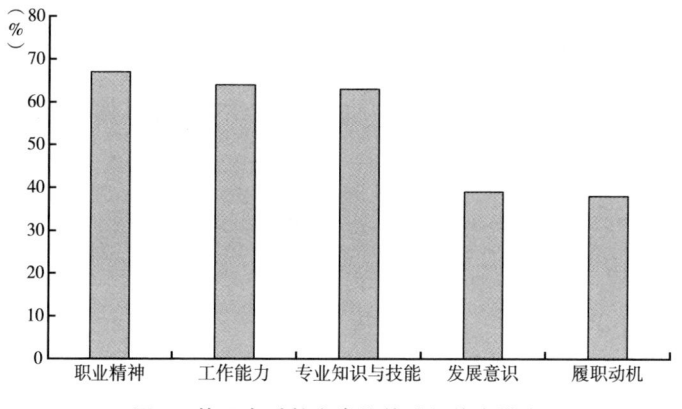

图 2　管理者对教育岗位的胜任能力排序

在评价员工现有能力时,管理者认为教育人员最欠缺的是"职业精神"。目前的人员招聘多以笔试加面试的方式进行,"职业精神"难以通过现有的招聘方式衡量。个别场馆通过岗位实习储备新员工的方式可以加强彼此之间的了解,加深其对展教工作内容的切身体验,其后再决定是否认同这份职业,是否愿意从事这份职业。"专业知识与技能"是很多管理者认为员工较为缺乏的能力,尤其是在一些专业需求比较强的场馆中。从招聘要求中可知，多数场馆在专业方面会要求有理工科、教育学、传播学等相关专业背景。但实际上科技类博物馆教育岗位所需要的是既有理工科等基础学科背景，又有科学教育、科学传播等应用学科背景的复合型人才。从招聘现状来看，此类复合型人才十分稀缺。同时，仅凭简历的筛选和简短的面试也无法确切得知人才的实际应用能力。

江苏省科技馆的管理人员认为不同阶段最为看重的能力素养可能会有变化，一开始也许会因为好奇心等因素来科技馆，越往后职业精神越重要，工作时间长了之后越需要职业精神和情怀作为支撑，有职业精神和责任心才会有不断学习、进取的动力。

上海中国航海博物馆的管理人员认为场馆工作对教育人员的能力要求比较高，沟通表达能力、协调合作能力、活动创新能力、问题解决能力这几个方面在社教部门比较重要，因为与馆内业务部门的联系比较多，需要与其他部门沟通协调。

广东科学中心的管理人员认为一线教育人员存在专业知识不足的问题，现场运行需要的专业知识比较多，需要及时掌握新知识、新媒体、新方法，虽然招聘时也会对人员的专业性有所要求，但是专业搭配仍然不足。

可借鉴的解决方案

方案 1：明确岗位能力需求

在"科技场馆教师胜任特征模型"中，专业知识与技能维度规定了从事该工作应具备的基本知识和技能；工作能力维度体现了从业者应具备的协调、沟通、创新、合作等综合性能力；发展意识维度反映了教育人员职业发展的内在需求；职业精神维度是指职业本身要求从业者应具备的工作态度和精神风貌；履职动机维度反映了教育人员对于本职工作的价值追求等内部倾向，是推动他们从事本职工作的内部驱动力。对于科技类博物馆的教育人员而言，上述五项均是胜任岗位的重要能力特征，但不同工作内容的岗位在具体的能力需求优先级上可能存在差别。例如在接受调研的场馆中，部分场馆在教育岗位的设置上将教育研发和教育实施两类岗位分设，其他场馆虽然没有具体分设岗位，但是在实际工作中，不同的岗位也各有侧重。教育管理者需在五大维度下针对不同类型的教育岗位，进一步细化能力要求，这对于员工招聘而言具有指导性意义。

方案 2：优化编外人员聘任制度

在非编和在编人员混合用工的模式下，非编人员通常被默认担任专业化要求低的辅助性岗位，且在福利待遇上都次于在编人员，因此形成了"非编"不如"在编"的刻板印象。事实上，非编岗位因其灵活的招聘管理模式，只要给出合理的待遇条件，相对于在编岗位而言更容易招到适合岗位需求的人员。因此，用人单位在招聘员工时，可以利用编外人员灵活的管理制度，组织采用更具针对性、更有效的岗位考核方式。针对高端紧缺人才，可以通过提供有市场竞争力的薪酬体系来吸引人才加入；在人员招聘时，可以统一以非编身份进行招聘，在具体工作中对员工进行长期观察评价，对于表现突出者给予转在编的机会，以此来激发团队活力。在激励考核上，可以利用非编人员灵活的薪酬管理制度，充分发挥绩效杠杆效应，起到有效的激励作用。

方案3：创新事业单位招聘模式

事业单位因为其保守的管理制度，招聘模式也相对比较传统。尤其国有博物馆在事业编制的招聘方面，多数采用"发布招聘信息—统一考试—简历筛选—现场面试—择优录取"的模式。这种方式虽然在制度框架下尽可能做到了公平、公正，但是在人才遴选上缺乏针对性和科学性。同时，"低调"的信息发布渠道、工作优势缺乏宣传等原因，也容易让相关岗位错失潜在人才的关注，导致最终招进来的人关注的可能是岗位"事业编""稳定"等特点以及职业发展等关键性因素。因此，场馆可以探索打破传统招聘模式，仿效企业实施校园宣讲会、校园招聘等模式，积极宣传岗位优势，提前锁定目标人才。

在招聘方式上进行创新。事业编制招聘中统一考试是固定环节，因此场馆一方面可以呼吁在笔试中增加与场馆工作相关内容的比重；另一方面可以在报名环节和面试环节进行创新。除在面试环节引入企业常用的心理测试、情景测试等项目作为参考依据外，还有以下几点值得借鉴。

采用比赛或游戏的方式招聘。目前有部分互联网或科技类企业采用新型的比赛或游戏的方式招聘。企业在平台上发布限时挑战任务，应聘者可以在规定时间内完成任务，如策划活动、撰写方案等。用人单位可以根据任务完成结果来对应聘者的实际应用能力进行分析。有一些专业平台还能提供各种分析数据及结果报告，如编程领域里的 Interviewstreet Codesprint 平台，其跟踪存储整个测试过程中每个人的编译修改过程，方便企业了解候选人解决问题的过程和思路。这种比赛或游戏的招聘方式能让应聘者展示出自己的才能，而不是简单地呈现简历中的标准化证书。应聘者在比赛或游戏中的表现，能够展示个人的天赋资质、团队合作、逻辑思维等能力，而不仅仅是教育经验。

通过挖掘人才的方式招聘。科技类场馆也可以尝试"主动出击"，挖掘刚刚萌发跳槽动机的人才，把求职招聘提早到萌芽期。这种招聘方式适用于高端型、紧缺型人才。场馆通过了解应聘者以往的工作经验、工作成果、专业能力等，向目标人才抛出"橄榄枝"，主动和他们联系，并通过人才引进政策为其提供有吸引力的职业发展平台和薪酬体系。

趋势：开始探索编内、编外混合的用工模式

事业编制是我国博物馆所特有的用工形式。从定义上看，事业编制是指为国家创造或改善生产条件、增进社会福利，满足人民文化、教育、卫生等需要，其经费一般由国家事业费开支的单位所使用的人员编制。由于事业编制的员工工资主要依靠国家财政拨款，所以事业编制在一定程度上存在稀缺性。因此，许多场馆开始引入非编人员参与场馆的展览教育工作。部分场馆编外人员的数量甚至超过了在编人员的数量。编外人员与在编人员相比，最明显的特点就是他们不纳入事业单位编制管理，且聘用方式操作简单。从当前用工状况来看，编外人员通常会被当作"临时工"对待，多用于辅助性、临时性等专业要求不高的岗位，在待遇上也比在编人员低，甚至存在"同工不同酬"的现象，导致编外人员离职率高。但是从另一个角度看，编外人员灵活的管理制度和聘用方式也在人员选聘、考核激励等方面给用人单位提供

了更大的发挥空间。

在调研的 20 家科技类博物馆中，除 3 家企业类场馆外，其他场馆均为公益类场馆。由于事业单位编制有限，绝大多数公益类场馆的教育岗位采用编制和非编混合用工的方式。从招聘方式上看，两类用工的招聘方式存在差异：编制内人员招聘比较传统，以统一事业单位考试和自主面试相结合的方式进行。笔试命题针对性不高、测评手段较为单一，虽然能够保证相对公平，但科学性、有效性还很欠缺。编外人员的招聘方式比较灵活，全部由用人单位自行组织操作，因此有条件来提升人员招聘的针对性、科学性和有效性。

从用工现状来看，两类用工方式的匹配岗位和人员流动也存在差异：在编人员从事专业性较高的岗位，而非编人员从事辅助性、临时性等专业性较低的岗位。在编人员的工资待遇比较稳定，但是上升空间有限，激励效果不足。非编人员在理论上工资待遇并无上限，也有条件利用绩效来拉开待遇差距，实现有效的激励。但从现状可知，非编人员在待遇、福利、晋升、激励等方面都次于在编人员，形成"非编岗位不如在编岗位"的刻板印象，导致非编人员的流动性较大，人员素质参差不齐。

在用工方式上，17 家国有科技类博物馆都采用了事业编制。其中，有9家场馆采用了合同制，由场馆自己招聘合同工；4家场馆采用了劳务派遣的用工方式；3家场馆采用了向物业等第三方机构购买服务的方式（见图3）。

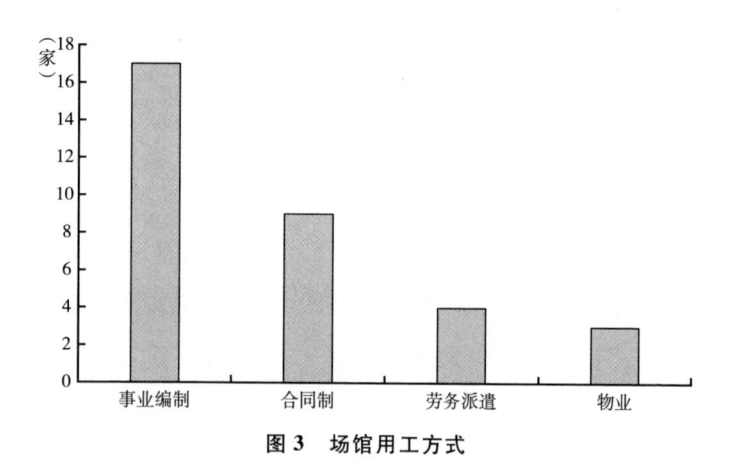

图3 场馆用工方式

17家国有科技类博物馆的事业编制员工招聘均采用笔试加面试的方式进行，笔试由政府统一命题，部分场馆具有自行组织面试的权限，教育部门负责人、分管领导参与面试，也有部分场馆的面试由政府统一组织，教育部门负责人和分管领导无参与面试的权限。有个别场馆反映存在招聘到的教育人员的能力与需求不符的情况。

3家企业化运作的科技类博物馆和17家国有科技类博物馆中的非编人员在招聘方式上则较为灵活，多数场馆以自主组织面试为主，辅以少量专业能力的笔试，笔试中会根据教育岗位的工作内容进行出题。由于没有编制的约束，部分场馆创新非编人员聘用模式，采用实习制的方式储备新员工，到一定期限后进行综合评估，优秀者根据岗位空缺可申请成为正式员工。

职业发展

——科技类博物馆教育人员的专业路径

科技类博物馆的教育岗位以专业技术人员为主。对专业技术人员的专业水平进行评价一般采取职业资格认定制度和专业技术职称评价制度，前者是准入机制，后者则关乎专业人员的职业发展、薪资水平和聘任情况。目前，科技类博物馆的教育人员既没有形成专门的职业资格认定制度，也没有形成全国自然科学博物馆行业内统一且规范的专业技术职称评价制度。科技类博物馆普遍存在现有职称和职业资格系列与科技馆展教主体工作内容和核心职责不相符的情况，很多教育人员入职多年后，虽然取得了专业的成果和业绩，具备了晋升相应职称的条件，但没有适合的职称晋升渠道，无法得到行业和社会的认可。长期来看，这将影响科技类博物馆教育人员的职业发展，造成人才流失等问题。

困难：教育人员的职称发展通道与工作内容不匹配

科技类博物馆的教育人员所从事的通常为专业性较强的教

育工作，但目前尚无专门针对科技场馆教育人员的职称体系，教育人员要想实现职业发展，通常会参与其他行业的职称评定，如馆员系列、研究员系列、工程技术系列、教师系列职称等。教育人员职业发展的路径看似类型丰富、渠道多样，但也存在着职称发展通道不对口的问题。

大部分科技类场馆的事业编、合同制教育岗位为专业技术岗，目前比较常用的是"文博馆员、工程技术、教师、群众文化"等不太符合行业特点的职称系列。教育人员面临职称发展通道不对口的现状。例如，上海市文博系列中级职称评审的专业条件之一是必须发表专业论文1篇或专著1部，或考古调查及发掘报告等2篇，这些评审要求与教育人员的日常工作，如研发或实施教育活动等，实际上是脱节的。评审标准和实际工作不匹配导致的"评审难"在一定程度上也造成人员的不稳定和流失。2008年以前，江苏省曾设科普师职称系列，后取消。说明科技类博物馆或者泛科学传播未发展成一个具有影响力的行业，社会认可度还有待提高。

本次针对教育人员的履职动机调查基本上涵盖受访场馆绝大多数教育人员，从其所选的职称系列可以看出现有职称系列的分布状况。职称系列种类非常多，占比最高的是馆员系列职称，接近50%，其余依次为教师系列、教育系列、工程技术系列、研究员系列、经济系列和其他（包括科技情报、科技管理、群众文化）（见图1）。

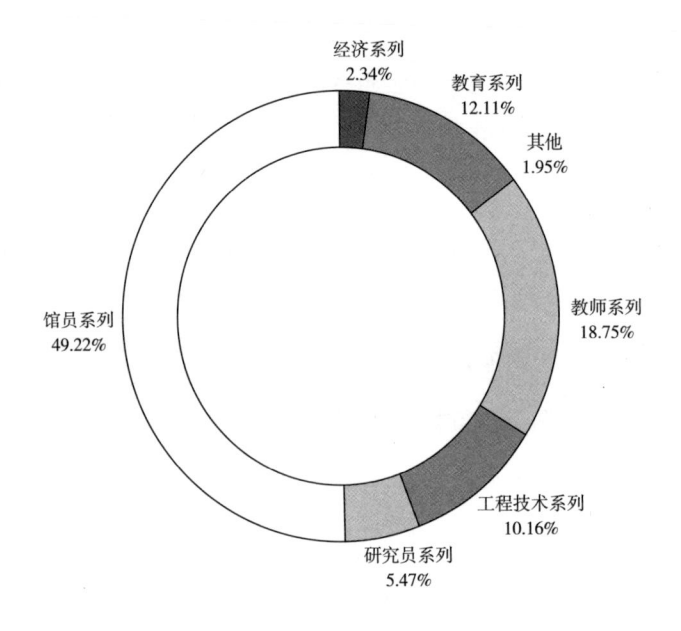

图中数据：
- 经济系列 2.34%
- 教育系列 12.11%
- 其他 1.95%
- 教师系列 18.75%
- 工程技术系列 10.16%
- 研究员系列 5.47%
- 馆员系列 49.22%

图 1　教育人员职称系列

注：中国科学技术馆专门为教育岗位人员新建了一个职称评定系列——教育系列。

中国科学技术馆在职称评定上因为原有系列要求不适应展教具体工作内容，所以进行了革新：专门为教育岗位人员新建一个职称评定系列——教育系列，针对学时数量、策划活动数量、论文科研成果3个方面制定评级标准。但是目前到达中级即封顶，无法评定高级职称。

可借鉴的解决方案

方案1：北京科学传播专业技术资格评价制度

2019年，北京市为拓宽科学传播领域专业技术人员职称发展通道，促进首都科学普及事业发展，在图书资料系列科学传播专业推行了专业技术资格评价制度。不仅面向科技类场馆，也适用于科普研究人员、科普写作者、科技类新闻媒体、科教类互联网和新媒体等从业人员。此次改革最大的变化是在职称评价过程中采用分类评价标准和"代表作"评审方式。

分类评价标准。北京市图书资料系列科学传播专业分为自然科学传播和社会科学传播两个领域，包括科学传播研究、科学传播内容创作、科学推广普及三个方向。专业技术资格设置初级（助理级）、中级、副高级、正高级四个等级。[①]

"代表作"评审。本次科学传播专业职称评价工作采取代表作评审制度，申报人可自主选择最能体现自己能力水平的代表性成果参加职称评审，如专业论文、主持完成得到有效应用

[①] 《北京市人力资源和社会保障局 北京市科学技术协会关于印发〈北京市图书资料系列（科学传播）专业技术资格评价试行办法〉的通知》，http://www.beijing.gov.cn/zhengce/zhengcefagui/201906/t20190618_98381.html，2019年5月30日。

的课题、决策咨询报告、政策类文件、教材教案、策划方案、研究报告、项目报告、专利等代表作成果，参加职称评审，打破职称评价"唯论文"桎梏。[①]

此次北京增设科学传播专业职称，将满足各梯次科学传播专业技术人才的职业发展需要，吸引更多的科学家、科研人员和年轻人从事科普工作，对于促进北京科普事业健康发展具有重要的推动作用。此外，各级别职称在京津冀三省市范围内实现互认，或许还将推动科技类博物馆或者泛科学传播领域发展成一个具有影响力的行业。

方案 2：编制实施职业、职称标准

为解决我国科技馆展教人员无相应专业技术职务系列、专业技术水平与任职资格难以评价、严重影响展教人才队伍建设的问题，根据中国科协指示，中国自然科学博物馆协会科技馆专业委员会、中国科技馆于 2015 年开展了"科技馆展教人才队伍建设"调研，为编制《科技馆教育人员专业技术职务任职资格评审标准》（以下简称《职称标准》）和《科技馆辅导员职业标准》（以下简称《职业标准》）提供了

---

① 《北京增设科学传播职称 今年将评出首批正高职称》，https://news.sina.com.cn/c/2019-06-17/doc-ihvhiqay6204024.shtml，2019 年 6 月 17 日。

依据和参考。

其中,《职称标准》建议参照教师的专业技术职务体系,设定为"科技馆教育人员专业技术职务系列"(助理讲师、讲师、高级讲师、教授级高级讲师),并引进院校课时、教研项目等完成情况的评价办法,制定科技馆展教人员"职称"的评审标准。《职业标准》要根据科技馆教育活动的功能定位、特征定位和发展方向,根据科技馆展教人员的职业定位与专业素质、技能等要求,力争发展成为国家职业标准。[1]

方案3:日本学艺员制度

学艺员是日本博物馆(包括美术馆、科技馆、动物园、植物园等机构)中的专职人员,在一定程度上类似于欧美博物馆、图书馆和档案馆中的"Curator"(一般将其翻译为"策展人")这一职种。[2] 对于欲进入博物馆工作的人而言,学艺员资格的获得是其成为博物馆专业从业人员的必要条件。学艺员资格可以通过高校的专业课程、全国统一的资格考试、讲习制度、无考试的审查认定这四种途径之一来获得。日本大型博物馆针对

---

[1] 科技馆展教人才队伍建设研究课题组:《科技馆展览人才队伍建设研究报告》,中国自然科学博物馆协会科技馆专业委员会、中国科技馆研究课题,2015。

[2] 张昱:《日本学艺员制度及其对我国建立博物馆职业资格认证制度的启示》,《博物馆研究》2014年第4期。

学艺员设立的职业发展路径为：助理学艺员—学艺员—主任学艺员—专门学艺员—上席学艺员—课长—副馆长—馆长等。合理的晋升路径一方面使得博物馆从业人员逐级拥有更丰富的经验，保证了各岗位人员的资质；另一方面也是对博物馆从业人员职业发展的激励。①

---

① 张昱：《博物馆职业资格认证的国际经验浅析》，《中国博物馆》2015 年第 3 期。

人员培训

——科技类博物馆教育人员发展的动力源泉

从人力资源管理的角度来讲，员工培训是指企业通过一定的科学方法，促使员工在知识、技能、态度、行为，甚至动机、能力方面得到提高，以保证员工能够按照预期的标准或水平完成所承担或将要承担的工作和任务的各种有计划的努力过程。[①] 现代化培训通常遵循统一的科学技术规范，按照标准化作业，通过目标规划设定、知识和信息传递、技能熟练演练、作业达成评测、结果交流公告等现代信息化的流程，让员工通过一定的教育训练等技术手段，达到预期的水平提高目标。[②]

科技类博物馆的培训工作是促进教育人员专业发展的最有效途径之一。科技类博物馆的教育工作专业性强，面对新知识、新技术的快速发展，教育人员需要持续的学习并将之转化为面向多元公众的教育活动。

[①] 谌新民：《人力资源管理概论》，清华大学出版社，2005。
[②] 孟红：《小学数学教师专业知识发展培训模式研究》，华东师范大学博士学位论文，2015。

现状：受访场馆均重视且认可培训工作的重要性

受访场馆普遍重视教育人员的培训工作，多数场馆开发了不同层次、形式、内容的培训项目，此外还积极参与行业培训班、论坛会议等培训项目。

几乎所有场馆都非常注重员工培训，培训形式丰富、内容多元、层次清晰。

培训形式丰富。已有的培训形式包括晨训、岗位培训、集体课程培训（邀请专家、自主设计）、行业培训、馆际交流、论坛会议等。多数场馆表示会鼓励教育人员参与行业培训、馆际交流和论坛会议，但此类机会相对较少，一些场馆会将此类外出交流培训的机会作为对优秀教育人员的一种激励手段。除了国内的馆际交流，个别场馆还会定期选派员工与国际同类场馆进行一定时间的交流学习。

培训内容多元。现有的培训内容包括展品知识、课程和活动的开发与实施、讲解技能、科普表演、礼仪服务、安全应急等。已有场馆开始重视教育人员的理论培训，比如博物馆教育、观众学习的相关理论培训。个别场馆还将目前科技类博物馆中基础较为薄弱的评估工作作为培训内容，比如培训教育人员在展区里做观察记录理解观众的学习。随着科技类博物馆教育工作范畴的扩展,诸如文创产品(出版物、资源包、展教具、巡展)的开发、线上教育活动的开展、分众教育理念的深化等,相对应地产生了文创开发、科普写作、科学传播等方面内容的培训需求。

培训层次清晰。各场馆已有的培训项目既有全馆层面的,也有部门层面的。全馆层面的培训主要由人事部门负责,侧重通识课程。部门层面的培训由教育部门自行策划组织,更注重专业知识。

山西省科学技术馆已有较为清晰的培训项目计划,包括日常培训、专业技能培训和外部的行业交流培训。

日常培训在每天开馆前的 10~15 分钟进行,内容包括普通话、形体、示范讲解等,由教育人员当中有舞蹈、形体、播音特长的人来担当培训老师。

专业技能培训由展教部门策划,聘请专家(高校教师、科普场馆专家、优秀的一线教育人员)担任培训老师。在场馆运行淡季举办,每年 3 月、6 月、9 月、11 月的周一、周二闭馆时进行集中培训,要求全员参加。培训的内容包括课程设计、学科基础知识、讲解辅导、科普剧创作、馆校结合培训、政治思想等方面的内容。

外部的行业交流培训,包括组织教育人员到其他场馆参观学习,选派教育人员参加博物馆、科技馆系统举办的培训班,鼓励教育人员投稿参加行业组织的论坛、会议等活动。

挑战：如何提高培训项目的针对性？

虽然科技类博物馆普遍重视培训工作，培训课程的系统性也在逐步增强，有少数场馆已自行研发了系列培训课程。但是在培训规划和实施过程中，还面临着培训系统化设计不足、对岗位精准化需求分析不足以及缺乏培训效果的评估等问题，这些问题制约着培训项目效果的发挥。

部分场馆仍缺乏培训的系统化设计。从整体的培训规划来看，有5家场馆明确提出馆方或展教部门会制订全年的培训计划，有3家场馆提出暂无系统的培训计划安排，会根据工作需要及时安排培训。在具体的实施过程中，会依据近期的工作安排和展览淡旺季来安排培训，也会根据具体的工作需要增加一些临时性培训项目，或根据人员的状态调整培训内容，有时也会由于业务工作繁忙、时间不足而影响培训效果。

对岗位精准化的需求分析不足。一些场馆在选择培训内容时会从整体工作需要的角度分析，考虑到教育人员缺乏某些技能时会设计相应的培训课程，也会根据实际需要聘请专业的培训教师。随着工作的开展，员工在工作岗位上会产生新的学习需求，由于教育人员专业背景的复杂性，个人能力也存在差异，对于岗位工作的核心需求和需提升的关键技能可能会存在差异，在培训开展前可以分门别类地分析和明确教育人员的需求，以便更好地开展培训工作。

以基础性培训为主，培训内容的创新性不足，针对高层次人才培养的培训项目较少。随着社会的不断发展变革，科普教育的内容、形式也在不断更新，教育人员的岗位工作需求也会产生新的变化，比如线上科普资源（科普短视频、科普游戏等）开发，以及科普写作、文创产品开发等。在目前的培训内容中，针对这些新的岗位工作需求的培训较少。从人才培养的角度来看，现有的培训内容多以教育人员岗位基础工作和必备技能为主，针对科学传播、活动研发等能力的培训较少，已有的部分针对高端展教人才培养的国际培训项目名额少、要求高，能够参加此类培训项目的人员数量有限。

培训效果的评估不足。受访的科技类博物馆均未对培训的效果进行系统化的评估，已有部分场馆在培训后会实施简单的考核或要求教育人员提交培训心得，多数场馆会要求参与外部培训与交流的教育人员分享培训内容。目前这些形式均无法达到系统评估培训效果的要求，缺乏对教育人员知识扩充、能力提升和工作态度改变方面的评估，因而也无法评判培训的真实效果，从而提出改进建议以更好地优化培训项目。

部分场馆已经开始进行培训的规划，如中国科学技术馆的全年培训计划中要求有 20 次培训的指标，江苏省科技馆要求教育人员每年完成 40 个课时的培训课程。在培训的内容方面，除了基础性的消防安全培训、礼仪接待规范培训、辅导沟通技巧培训以外，部分场馆已开始实施与科技类博物馆教育核心工作有关的知识和技能培训，如教育活动的开发与实施、教育教学理论、观众研究等内容。广东科学中心开展的 STEM 教育在创业机器人方面的应用系列课程，上海自然博物馆（上海科技馆分馆）开发的"基于展览的教育活动设计、实施与评估"系列培训课程、教育研发工作坊系列课程，此类课程更注重知识和技能的系统性训练，由场馆基于教育人员工作需求自主开发，更具针对性。部分场馆借助外部力量，通过高校课程研修、行业高水平培训班以及国际交流等方式培训教育人员，如郑州科技馆选派教育人员参加清华大学、中国科学院的研究生班，上海科技馆的教育人员参与复旦大学、华东师范大学、同济大学等高校的博物馆学、教育学、传播学等学科专业课程学习，呼和浩特市儿童探索博物馆选派教育人员参与丹麦安徒生国际幼儿师范学院举办的幼教人才培养项目。

可借鉴的解决方案

方案1：加强培训的系统规划，注重评估环节

科技类博物馆要注重建立可持续的员工培训体系，培训体

系应该包含培训的需求分析、培训目标和培训方案确立、培训效果评估等诸多环节,通过各环节的相互制约和影响,循环往复,使得培训过程成为流动的网络体系。① 场馆在培训的顶层设计上,需在分析教育人员需求的基础上,结合场馆实际制订长期、中期和短期的培训计划,科学合理地规划培训内容,采用适合的形式实施培训,在培训结束后进行效果评估,用于了解培训效果以改进培训的设计。

在科技类博物馆普遍较为薄弱的培训评估环节,可借鉴较为成熟的培训评估模型设计培训的评估方案。威斯康星大学(Wisconsin University)唐纳德·L. 柯克帕特里克(Donald L. Kirkpatrick)提出的柯氏评估模型是目前世界上应用最广泛的培训评估模型(见表1)。柯氏评估模型常被用于评估学习

表1 柯克帕特里克四级培训评估模型

学习者反应	学员对培训所做出的反应,即学员对培训的满意度
知识迁移	学员参加培训项目后,能够在多大程度上实现态度转变、知识扩充或技能提升等相应结果
行为迁移	学员参加培训项目后,能够在多大程度上实现行为方面的转变
组织影响	学员参加培训项目后,能够实现的最终结果

---

① 李光、白琳:《终身学习视域下的员工培训与开发》,《职教论坛》2013年第27期。

经历对情感、认知、行为和组织的影响，其从学习者反应、知识迁移、行为迁移、组织影响四个层级来评价培训的效果。①

方案2：参与和学习国外优秀培训项目内容

随着行业的发展和影响力的增强，国内涌现了诸如中国博物馆协会牵头的盖蒂领导力学院国际培训、国际博协培训中心和故宫等牵头的博物馆中高层管理者和专业人员专业培训、中国科技馆等牵头的国际科技馆能力建设等高端培训项目（见表2），极大地开拓了教育人员的国际视野，提升了专业技能。

此外，还可以在教育人员的培训项目设计中借鉴和引进国外博物馆的优秀培训项目。

比如波士顿儿童博物馆的共同学习培训课程（Learning Together, Family in Museums Staff Training Curriculum），该课程为博物馆教育人员更好地满足家庭观众的参观需求而设计。课程内容包括十项基本的标准（教育人员为促进家庭观众的学习所应具备的技能和概念），一系列支持这些标准的活动，教育人员表现的自我评价工具，能够帮助管理者了解教育人员的优势和可能的提升空间。自我评价的工具能够帮助教育人员反

---

① 陆少颖：《基于柯氏模型的教师培训评估模型研究》，《宁波教育学院学报》2013年第6期。

表 2　博物馆国际培训项目对比

序号	对比项	盖蒂领导力学院国际培训项目		北山堂基金国际培训项目	利荣森纪念交流计划	国家艺术基金国际培训项目 艺术人才	教育策展	国际博协培训中心（ICOM-ITC）	维多利亚与阿尔伯特博物馆（V&A）	大英博物馆国际培训项目	文化和旅游部"中国—荷兰美术馆、博物馆管理"	国家文物局
1	时长	4 周	2 周	13 天	4~12 个月	1~2 个月	1.5 个月	10 天	7 天	6 周	5~7 天	1~2 周
2	地点	美国	美国	中国香港某地区/某国	国外/国内	国外	美国	中国/国外	英国	英国	中国	中国
3	资格要求	高级	中级	三年经验	相关领域	五年经验	三年经验	中高级ICOM会员	专业相关	专业相关	中高级	中高级
4	实施方式	在线实施+实地课程	在线实施+实地课程	集中培训现场教学	以访问学者身份实习	实习	集中培训机构实习	集中培训	集中培训	集中培训部门合作机构实习	现场教学	现场教学
5	培训重点	领导力设计思维战略规划等	领导力战略规划观众开发	展览相关业务	实践学习	实践学习	教育展览理论实践	管理展览藏品教育等	V&A经验学员案例分享	博物馆综合认知	国外经验国内应用	国外经验国内应用

资料来源：姜倩倩，果美侠：《博物馆领域国际培训项目比较分析》，《中国博物馆》2019 年第 2 期。

思他们在促进家庭观众学习中的表现，同时帮助管理者在设计培训项目时参考教育人员还有哪些需提升的技能。培训的形式包括小组参与和讨论、个人反思和汇报。活动形式灵活，既可组成工作坊，也可在晨会等会议中以小组的形式实施。上海自然博物馆已在教育人员培训项目中引入此培训课程，参与培训的教育人员表示该项目的培训内容帮助他们了解到如何更好地应对家庭观众的学习需求。

考核激励

——科技类博物馆教育人员发展的助推器

员工考核评价主要是对员工综合素质、工作能力、工作实绩的综合评价。[①] 科学、有效的考核评价体系有利于考核和评价员工的工作绩效，激励优秀员工的积极性，也能够帮助用人单位选拔、培养优秀员工，还可以作为培训、奖惩等工作的依据。

绝大多数科技类博物馆已经实施了绩效考核制度，场馆会依据工作目标或考核标准，评价教育人员的工作完成情况，作为激励优秀教育人员的方法。同时也在实践中不断完善考核评价体系，探索更科学、合理的评价制度，但受场馆体制的影响，多数场馆的绩效力度有限。

现状：绩效考核力度与场馆性质和用工方式有关

绝大多数科技类博物馆已经实施了绩效考核制度，但在事

[①] 金常韧：《试析加强员工考核评价体系建设的思路措施》，《石油化工管理干部学院学报》2017年第4期。

业单位体制下绩效考核的力度有限，绩效考核起到的激励作用有限，多数场馆以外出交流、荣誉等方式激励员工，个别事业单位场馆已尝试加大绩效差值，期望能真正发挥绩效的激励作用。非事业编制的员工和企业化运作的场馆绩效占比较大，能在一定程度上起到激励员工的作用。

绝大多数公益类场馆针对事业编制员工都推行了绩效考核制度，但由于绩效总盘本身就不大，所以大部分场馆的绩效极差很小，经济杠杆的作用微乎其微。场馆大多采取给予荣誉，或者外出交流、提供培训机会等方式激励员工，极少数优秀员工能获得职务晋升机会，但名额十分有限。部分场馆已尝试采取更为精确的量化考核指标进行考核，且针对事业编制和非事业编制的员工采取同一套考核标准，个别场馆根据考核结果增加了事业单位员工的绩效，努力破除"干多干少一个样，干好干坏一个样"的情况。

与在编人员的绩效考核相比，事业单位的非编人员和企业化运作的场馆绩效占整体收入的比例相对较大，而且根据考评结果不同人员之间的绩效差值较大，能够在一定程度上达到激励员工的作用。

福建省科技馆的员工考核建立在量化考评的基础之上，每月实施员工考核，考核内容包括展厅基础工作和教育活动。展厅工作的考核包括行为规范、礼仪及相关工作内容等。活动考核包括活动策划和活动实施两部分内容：活动策划主要考核策划的教育活动能否落地实施，成功策划教育活动有考核加分；活动实施主要与实施的频次有关，会有相应的考核加分。考核方法对在编和非编员工均适用，考核结果体现在奖励性绩效方面，不同人员之间的绩效差值较大。

厦门科技馆的绩效占工资的比例为40%~60%，每月实施考核，考核内容与教育活动频次、活动方案/教案开发、论文撰写、专利获奖等情况有关。

索尼探梦科技馆对员工实施阶梯制考核，在基本工资的基础上根据工作量与个人的技能水平核定工资等级，不同技能层次的人员工资差距较大。例如具备科学表演技能的人员，公司会聘请专业的表演老师进行考核并评定等级，结合演出工作量划分工作等级。此外，员工如果掌握外语讲解、后期编辑、摄影摄像等技能，也会在工资中有所体现。

困难：如何提高教育人员的薪资福利？

部分科技类博物馆在提高教育人员薪资福利方面已经采取了一些措施，比如加大事业编制的绩效考核力度，提高非编人员待遇，个别场馆已实现合同制与在编人员同工同酬，优秀的非编人员优先转编制等。但是在履职动机的调查中发现，教育人员对工资水平的整体满意度较低。多数场馆事业编制绩效差值较小，无法起到激励作用；非事业编待遇一般，人员流动性较大。

在履职动机问卷中调查了教育人员对工资水平的实际感受和满意度，结果显示这两项调查的得分远低于平均分，多数教育人员认为工资水平一般，且对现有的收入水平不太满意。

事业编制人员的基本工资由国家核定，多数场馆已实施绩效考核制度，场馆拥有绩效分配的权利，但多数场馆的绩效总额所占比例低，不同人员之间的绩效差值较小，起到的激励作用有限。非事业编制员工包括合同制、劳务派遣、第三方物业服务人员多种身份类别，其中部分与事业编制同工同酬的合同制员工流动性低，其余人员流动性较大。流动的原因包括待遇低、职业发展前景不明确等。部分场馆已采取措施提高非编人员的待遇，建立职业发展上升通道，给予人文关怀等，这些政策在一定程度上起到了稳定人员的作用。

教育人员对行业内工资水平的认可度和满意度均较低，对行业内工资水平认可度的平均得分为1.442分（满分5分，分值越高认可程度越高），收入满意度选项的平均分为1.579分（满分5分，分值越高满意度越高），如图1所示。

在受访的20家科技类博物馆中共有17家事业单位，明确提出绩效差值小、激励作用有限的场馆超过一半；绩效差值较

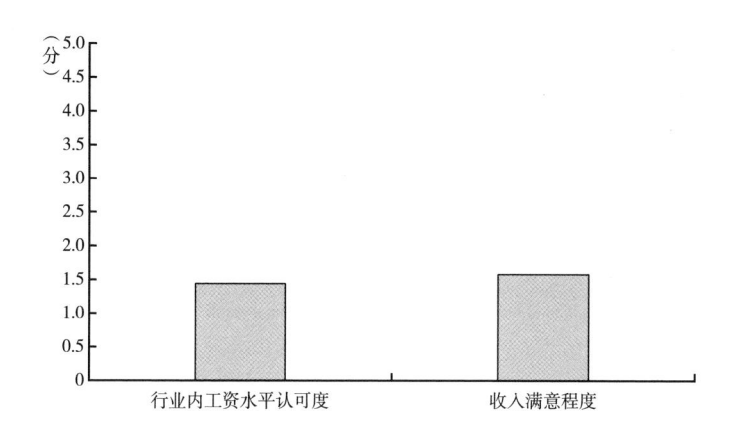

图1 教育人员对行业内工资认可度和对收入的满意度

大,能起到激励作用的场馆仅有2家。

上海中国航海博物馆针对物业讲解员采取星级评定制度,星级讲解员薪资待遇高于一般物业人员,级别越高待遇越好,表现优秀的物业讲解员还有考取事业编制的机会。在一定程度上起到了激励作用,星级讲解员的流动率较低。

可借鉴的解决方案:教育成果转化收益可用于团队奖励

2016年5月,《国务院办公厅转发文化部等部门关于推动文化文物单位文化创意产品开发的若干意见的通知》(国办发〔2016〕36号)发布以后,北京、广东、四川等地先后发布了地方激励办法,北京的政策提出中国电影博物馆、北京自然博物馆等单位采取合作、授权、独立开发等方式开展文化创意产品开发工作,经职工代表大会同意,试点单位可从文化创意产品开发取得的净收入中提取 70% 及以上奖励开发工作人员。2019 年 12 月，上海市文旅局、人社局、财政局联合发布《关于上海市文化文物单位实施文化创意产品开发收入分配激励的指导意见（试行）》。这些政策为场馆开展教育成果转化提供了奖励和支持，奖励政策也能够起到激励教育人员从事教育成果转化的作用。

部分场馆在展览、影视、教育、衍生品等方面已有所尝试，且取得了初步成效，"文创产品开发收益可用于团队奖励"这一政策可以更好地调动员工积极性，在产品开发方面取得更多成果。

趋势：考核激励的方式、内容和结果运用方面有所创新

各场馆不断完善考核评价体系，在员工考核激励的具体方式、内容和结果运用方面均进行了积极的探索，主要体现在量化程度越来越高、教育质量得到关注、结果运用打破传统、晋升方式更加多元和重视青年员工的激励几个方面。

量化程度越来越高。多数场馆在考核当中会采取部分量化指标，除了在出勤、教育活动的实施、讲解辅导等工作中设计"课时"等量化指标外，少数场馆针对研发、论文、科普文章

撰写等工作也采用了量化的评价方式。当然，研发项目的多元化、单体的复杂度、验收标准及外界因素的干扰等都会影响研发工作量的计算，目前行业尚无统一的标准，所以研发量化的推行范围还仅限于课程、表演等相对成熟的领域。

教育质量得到关注。在考核的内容方面，除了礼仪等传统标准外，已有场馆引入了受众满意度、神秘客人评价、新项目研发及课程实施专家评审等方式，对员工的研发、实施、运行工作质量进行评价，并将此作为绩效考核的一个相关指标。有的场馆甚至将第三方质量检查的结果与部门全员绩效奖金挂钩。

结果运用打破传统。在考核结果的运用方面，个别场馆事业编人员和与馆方之间签订劳务合同的员工同工同酬，采用同样的绩效考核标准，合同制员工收入可高于事业编制，打破了事业编收入高于其他类员工的固有思维。个别场馆将考核结果与合同制员工的聘用关系相挂钩，如果连续考核处于末尾，将不再续签合同。这一方面能够通过一定的强制措施进行人员筛选；另一方面也打破了场馆员工"铁饭碗"的传统。

晋升方式更加多元。科技辅导员星级制度是场馆较普遍采用的一种制度，是场馆内部鼓励辅导员提升专业能力的一种机制，和绩效等级挂钩。现在，有少数场馆推出了"业务主管"岗位，主要适用于有一定管理能力的员工，负责对教育研发、实施和运行等工作进行日常管理，也与绩效等级挂钩。在职务晋升机会有限的情况下，为员工的职业发展提供了另外一条通道。

重视青年员工的激励。部分场馆密切关注青年员工的发展，通过合理的激励机制激发青年员工的成就感和归属感。在绩效分配方面，部分场馆在绩效考核分配中以工作的贡献程度为标准，不将职务、职称和工作年限作为绩效分配的绝对指标，起到了有效激励青年员工的作用。部分场馆努力为青年员工提供专业发展机会，通过课题（项目）等形式鼓励青年员工发挥专业特长，培养青年人才。

受访场馆中，有65%的场馆明确提出在考核过程中会有量化指标，其余35%的场馆未说明考核过程中是否已采用量化指标。

合肥科技馆的活动教育中心主要负责活动开发与实施、拓展性项目如馆校合作的实施等工作。员工的考核采取积分制，活动方案的研发、实施，馆校合作课程的实施，宣传稿的撰写等工作都可纳入积分范畴。以活动方案开发为例，开发新的活动方案能够获得积分，根据试讲和现场实施效果评估活动方案的质量，分为优秀、良好、合格三个不同的等级。根据积分考核的结果奖励优秀教育人员。

索尼探梦科技馆每年会接受2次来自总公司的神秘客人调

查，以测评量表的形式考核展厅员工的仪容仪表、谈吐、亲和力、趣味性、专业性等内容。调查表满分为5分，如果总得分低于4.3分则判定测评不合格，考核结果与全员绩效挂钩，如果考核不合格则全员的奖金都会受到影响。

山西省科学技术馆每年进行3～4次针对辅导员的考核，每3年续签合同时将所有考核结果相加，处在末尾20%的员工可以采取不再续签合同的措施。考核的内容包括出勤情况、服务态度、活动实施、论文撰写等。

上海自然博物馆推出"业务主管"岗位，采取竞聘上岗的方式，业务主管除常规岗位工作外，还负责对活动研发、实施和运行等工作进行日常管理，对于优秀的业务主管不仅在绩效上会有所倾斜，而且其可能成为未来行政职务竞争的有力人选。

上海科技馆针对三年内新入职的员工和一线教育人员推出科研专项课题研究项目，鼓励青年员工在行业发展、科学管理、观众研究以及各类科普课程、课件、影视、剧目等内容开发制作方面开展研究项目，通过课题培养青年员工。

人员篇

科学素养

——科技类博物馆教育人员的核心素质

根据国务院于2006年发布的《全民科学素质行动计划纲要（2006—2010—2020年）》，可将公民科学素养概括为"四科二能力"，即科学知识、科学方法、科学态度、科学精神，解决实际问题的能力和参与公共事务的能力。科技类博物馆教育人员承担教育活动开发和实施工作，是传播科学的重要力量，其科学素养的水平决定着科学传播的效果。

在国内外常用的科学素养测评维度和方法中，如公民科学素养测评、科学教师素养测评、学生科学素养测评，通常将科学素养分解为科学知识、科学能力和科学态度几个维度。中国科学技术协会的"中国公民科学素养调查"项目以美国学者米勒的公民科学素养测评指标体系框架为基础，从公民对基本科学术语和概念的理解、对科学探究过程和科学本质的理解、对科学技术对个人和社会的影响的理解几个维度进行了科学素养测评。[①] 有国内

[①] 范冬萍：《提高公众科学素养与科学教育新理念》，《华南师范大学学报》（社会科学版）2006年第6期。

研究人员从科学知识、科学方法、对科学性质的认识、在教学中的科学态度几个维度出发考查教师的科学素养。[①] 经济合作与发展组织（OECD）的"国际学生评估项目"（PISA）从科学情境、科学知识、科学能力、科学态度四个维度考查学生的科学素养。[②] 本次研究将科技类博物馆教育人员的科学素养分为对科学知识的掌握、科学的应用能力以及活动开发和实施过程中的科学态度三个维度。

现状1：性别、专业、学历、职称影响科学知识水平和能力

采用测试题的形式考查教育人员的科学知识水平与应用能力，题目所涉及的学科涵盖技术系统、物质系统、地球与空间系统、生命系统的内容。所有题目均以情景化的题组形式呈现，测试隐含在情境中或与情境相关的科学知识与能力。从测试结果来看，教育人员整体的科学知识水平与应用能力一般，不同性别、学历、专业背景和职称的教育人员科学知识水平与应用能力存在差异。

本次测试满分为100分，测试题整体难度相对较低。所有教

[①] 张红霞、郁波：《小学科学教师科学素养调查研究》，《教育研究》2004年第11期。

[②] 刘帆、文雯：《PISA2015科学素养测评框架新动向及其对我国科学教育的启示》，《外国教育研究》2015年第10期。

育人员的总体平均分不高，未超过70分，最高分和最低分之间的差距较大。本研究分别计算了不同性别、专业背景、学历和职称的教育人员在此次测试中的平均成绩。在性别维度，男性教育人员的平均成绩高于女性教育人员。在专业背景方面，具有理工科专业背景的教育人员平均成绩高于非理工科背景的教育人员。在学历方面，教育人员的学历越高平均成绩越高，即具有硕士及以上学历的教育人员平均成绩高于其他学历人员。在职称方面，教育人员的职称越高平均成绩越高，即具有中级及以上职称的教育人员平均成绩高于初级职称和无职称的教育人员。因此，男性教育人员、学历较高的教育人员、具有理工科背景的教育人员、具有硕士及以上学历的教育人员以及具有中级及以上职称的教育人员，其科学知识水平和应用能力较强（见图1）。

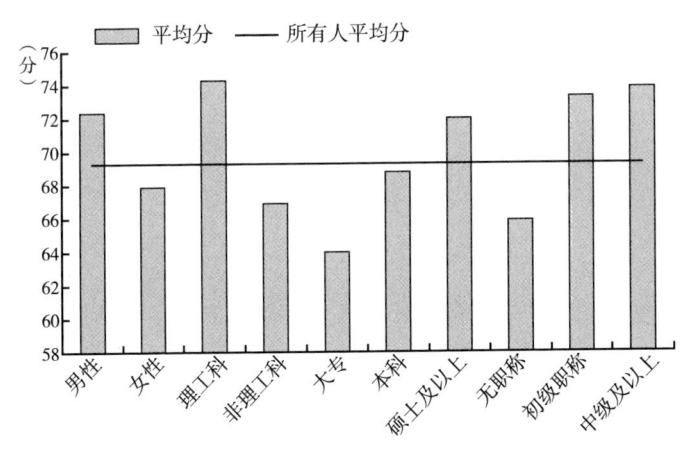

图1 不同人群平均分分布

针对 27 份有效答卷的分析显示平均分为 69.29 分，大部分的分数介于 66~86 分，占比约 68.9%，最高分达 94 分，最低分仅 22 分。仅 26.4% 的教育人员超过 80 分，大部分教育人员得分不高（见图 2）。

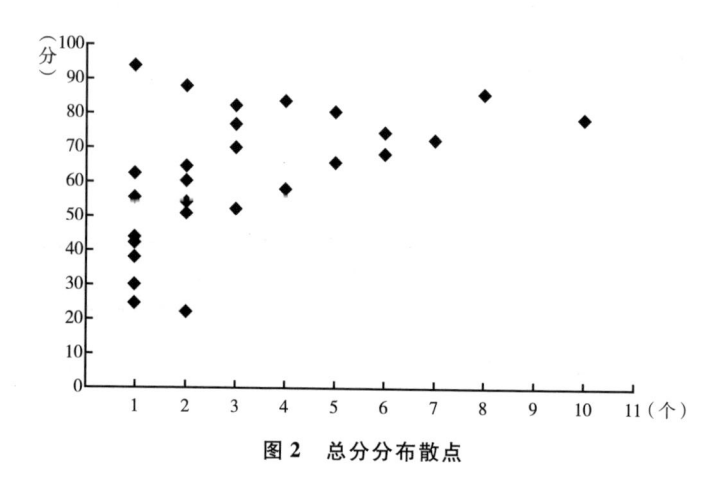

图 2　总分分布散点

现状2：教育人员设定教育目标时优先考虑的因素存在差异

采用问卷的形式考查教育人员的科学态度，包括选择题和主观题，部分题目设置了情境，情境来源于博物馆中的活动。通过教育人员设定教育目标时对不同维度目标的排序反映出他们对博物馆学习效果的认识。博物馆作为非正式学习场所，学习目标包括知识的增进、科学概念的理解、技能的掌握、好奇心的满足、兴趣的产生、意识的形成、态度的改变等。英国博物馆、图书馆及档案馆委员会提出的通用学习成果（Generic Learning Outcomes，GLOs）框架认为博物馆的学习所得包括知识与理解的增加，技能的提升，态度或价值观的改变，愉悦、启发与创造力，行动或行为的改进五个方面。[①] 美国国家科学基金会（National Science Foundation）非正式环境中科学教育项目效果评估框架包括知识、兴趣、态度、行为、技能五个维度。[②] 这些学习效果也是博物馆制定教育目标时需考量的因素。教育人员设定教育目标时的排序显示，大部分教育人员在活动开发和实施中较为重视受众兴趣的培养，但忽视科学概念的获得。

多数教育人员设定教育目标时的排序依次为：激发受众探索未知的兴趣，让受众学习科学探究相关的技能和方法，对受众的情感、态度和价值观产生积极改变，传播具体的科学知识，传播宏观的科学概念。

可以看出教育人员更注重参与者兴趣、探究能力的培养，

[①] 刘婉珍：《博物馆观众研究》，三民书局，2011。
[②] Friedman, A. (Ed.), Framework for Evaluating Impacts of Informal Science Education Projects, http://insci.org/resources/Eval_Framework.pdf, March 12, 2008.

说明越来越多的教育人员已意识到博物馆情境下开展教育活动的特点，对核心教育目标的关注从具体知识的传递转变为对受众自主探究兴趣的激发。此外，当教育人员在教育活动中遇到参与者对于一些广为接受的科学知识提出质疑的情况时，多数教育人员选择鼓励并引导自主探究多于解释并纠正错误答案，说明教育人员会将学生的质疑视作一个问题的提出，鼓励并引导学生基于自己发现的问题进行自主探究，并非一开始就纠正学生的错误。

同时，也应该看到教育人员普遍较为忽视科学概念的获得。科学概念是客观事物的共同属性和本质特征在人们头脑中的反映，是对科学事物的抽象，是人们观察、实验和思维相结合的产物，是组成科学知识的基本单元。① 近年来，在科学教育中越来越强调"大概念"的获得，"大概念"这一概念起源于美国，其组成不仅包括科学知识大概念，还包括关于科学本身知识的大概念，科学教育中的大概念教学可以使学生的知识结构与认知结构得到系统性建构，可以促进学生对科学的理解和推动正确科学本质观的形成。② 在科技类

---

① 胡卫平：《科学概念教学中思维能力的培养》，《中国教育学刊》2004年第9期。
② 阎元红、郭文华：《科学教育中的大概念：内涵、价值及实现》，《教育理论与实践》2019年第29期。

博物馆的教育活动中强调科学概念的获得同样可以促进参与者知识和认知结构的系统性建构，同时更为重要的是加深对于科学的理解和推动正确科学本质观的形成，这对于公民科学素养的提升意义重大。而从目前的教育目标排序中可以看出教育人员忽视了科学概念的获得，或是教育人员本身对科学概念的认识模糊不清。

通过排序的方式了解教育人员设定教育目标时优先考虑的因素（见图3），有43.95%的教育人员会把激发受众探索未知的兴趣作为首要目标，19.38%的教育人员会把对受众的情感、态度、价值观产生积极改变作为首要目标。从整体上看，

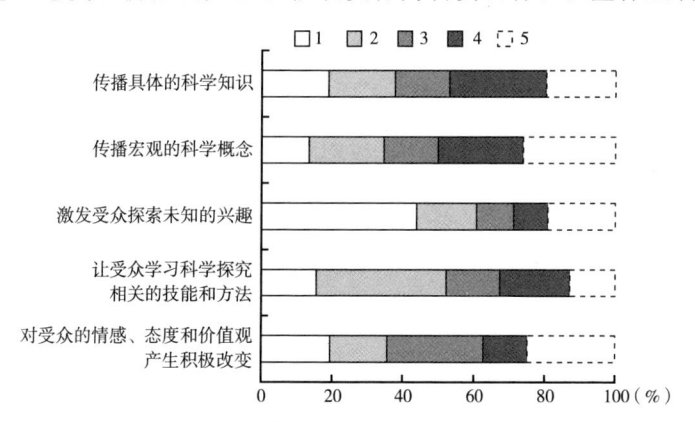

图3　教育人员设定教育目标时的排序

注：1~5代表排序时的顺序先后，1表示有相应比例的教育人员将该条目作为设定教育目标时最优先考虑的因素，依次类推，5表示有相应比例的教育人员将该条目作为设定教育目标时最后考虑的因素。

兴趣、情感态度目标排序较靠前，已超过知识目标。但教育人员相对较为忽视科学概念，只有 13.33% 的教育人员将传播宏观的科学概念放在优先的位置。教育人员设定教育目标时比较主流的排序方式依次为：激发受众探索未知的兴趣，让受众学习科学探究相关的技能和方法，对受众的情感、态度和价值观产生积极改变，传播具体的科学知识，传播宏观的科学概念。

挑战1：如何提高教育人员对科学知识的理解和应用能力

大多数教育人员对科学知识的理解和应用仍存在提升的空间，在科学知识和科学能力的不同维度上，教育人员的得分情况也存在差异。在科学知识维度，教育人员掌握的有关科学本身的知识优于关于自然世界的知识。在科学能力维度，运用科学证据方面的能力最强，解释科学现象方面的能力最弱。

从科学知识维度可将试题归为两种类型：科学的知识和关于科学的知识。科学的知识是指各科学学科和关于自然界的知识，包括对基本科学概念和理论的理解。关于科学的知识是指采用什么样的科学方法来获得证据，以及如何利用这些证据作出科学的解释。从得分率来看，教育人员在关于科学的知识维度得分率高于科学的知识维度，说明教育人员对有关科学本身知识的掌握强于对自然世界知识的掌握。

从科学能力维度可将试题归为三种类型：运用科学证据、识别科学问题、解释科学现象，这三个维度的能力对科学实践至关重要。运用科学证据维度包括解释科学证据，得到结论并交流；界定结论背后的假设、证据和推理；反思科学和技术发展的社会含义。识别科学问题维度包括识别科学调查中可能存在的问题，识别寻找科学信息的关键词，识别科学调查的主要特征。解释科学现象维度包括在给定的情境中运用科学知识描述或解释现象，并预测变化。从得分率看，教育人员在运用科学证据维度的表现最好，识别科学问题维度次之，解释科学现象维度的表现最差。

在科学知识维度，科学的知识维度总分54分，平均分为36.14分；关于科学的知识维度总分46分，平均分为33.15分。从得分率来看，科学的知识维度得分率为66.93%，关于科学的知识维度得分率为72.04%，关于科学的知识维度得分率高于科学的知识维度，且存在显著差异。

在科学能力维度，运用科学证据维度总分38分，平均分为28.78分；识别科学问题维度总分14分，平均分为9.59分；解释科学现象维度总分48分，平均分为30.92分。从得分率来看，运用科学证据维度得分率最高，为75.74%；识别科学问题维度次之,为68.43%;解释科学现象维度最低,为64.42%,各维度得分率之间存在显著差异。

可借鉴的解决方案

方案1:加强科学知识与能力的培训与考核

在管理者对教育人员所需能力的预期与评价中,科学知识与能力被放在较靠后的位置,因为多数管理者认为专业知识与技能可以通过入职后的学习来提升。部分场馆在教育人员培训中已加入科学知识方面的内容,比如展项讲解、学科基础知识,特别是非理工科背景的教育人员,除了基础培训以外,可引入考核制度,通过考核促进培训效果的巩固。同时,加强教育人员之间的相互学习交流,通过理工科背景教育人员带动其他教育人员科学知识水平与能力的提升。

方案2:重视理工科背景的复合型科学传播人才的培养

理工科背景的教育人员在学科知识方面具有优势,但是在科学传播、教育教学理论与实践方面还有所欠缺。国内高校的科学传播专业或研究方向属于哲学学科或传播学学科,还有的依托教育学学科,缺乏理工科背景的专业科学传播人才培养方案。国外的高校会针对理学和自然科学专业的学生开设科技传播相关的专业课程。如英国许多大学为理工科学生——未来的科学家和工程师专门开设"科学交流课程",通过模拟记者招待会、简短交谈、写作课程等,使学生掌握传播交流的基本技巧,从而培养理工科学生通过传播媒介或直接与公众交流的能力。[①]

方案3:促进教育人员理解科学教育的内涵

科学教育是提升公民科学素质的最基础和最重要的工作,随着社会的发展变革,科学教育的内涵也在不断扩展,科技类博物馆教育人员需要对科学教育内涵有着清晰的认识,在此基础上开发和实施教育活动。科学教育是以自然科学学科教育为中心内容,将科学史、科学哲学、科学社会学一并纳入学科体系中的整体教育。[②] 注重科学教育与技术教育、科学教育与人文教育的融合,科学教育的目的不仅仅是科学知识的学习,更重要的是培养公众的科学观念、科学精神、科学价值判断能力甚至是科学审美能力。

---

① 莫扬:《我国高校科技传播专业建设现状分析及建议》,《科普研究》2006年第2期。
② 关松林:《发达国家中小学科学教育的经验与启示》,《教育研究》2016年第12期。

挑战2：如何以更开放的态度应对活动实施中参与者的表现？

以科技类博物馆教育活动实施中的具体情境为例，考查教育人员在活动实施的具体情境中面对参与者的不同表现时所持有的态度，研究发现教育人员的态度相对保守，具体表现在期望活动按照预设的内容实施，不认可探究活动中"与预期不相符的结果"也是一种结果（见图4）。

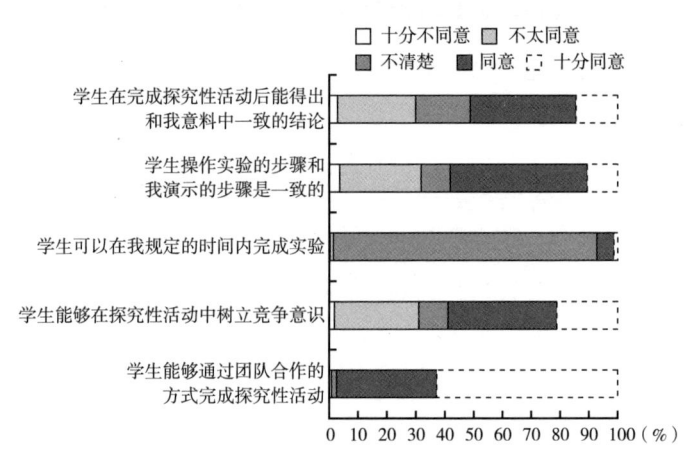

图4 科学老师对受众表现的预期

在探究活动的实施过程（时间、步骤）、探究结果等方面，大部分教育人员还是希望能够在预设范围内控制和引导参与者的探究过程和结果，不超过三成的教育人员能够预期参与者在探究过程中或者探究结果上会发生意料之外的情况。这说明教育人员在处理这些意料之外情况时缺乏相应的自信和技能，这些态度会影响到其教育教学策略中是否能以一种开放的态度去鼓励学生自主的探究和创新。

在参与者执着于对某一事物的尝试过程但迟迟未能得出预期结论的情况下，绝大多数教育人员认为应当通过干涉去引导参与者探究。说明教育人员对待探究性活动的态度还存在局限，并不认可"与预期不相符的结果"也是一种结果。

在制作乐器的活动中，学生利用自己选择的材料经过多次尝试，都不能做出可以发声的乐器，教育人员是否需要干涉？在330个样本中，有322个样本对是否干涉表达了态度。其中12.42%的样本表示不需要干涉，86.96%的样本表示需要干涉，另有0.62%的样本认为需视情况而定。

可借鉴的解决方案：加强教学机智的培养

教学机智是指教育者在一定教学情境中，瞬间做出的具有教育意义的创造性行动。[①] 教育活动的实施具有情境性、复杂性的特点，常常会发生意料之外的情况，大部分教育人员还是

---

① 王卫华：《论教学机智的内涵》，《湖南师范大学教育科学学报》2019年第6期。

希望能够在预设范围内控制和引导参与者的探究过程和结果，这在一定程度上说明了教育人员缺乏应对意料之外情况的自信和技能。而在教育活动中遇到参与者的表现和活动的结果与预期不符的情况时，教育人员要调动教学机智以应对活动中出现的复杂情况。教学机智并非天生拥有，需要教育人员在后天的活动实施和具体的教学环境中，经过磨炼与感悟逐渐培养而成，拥有良好教学机智的教育人员会更从容、更自信地实施教育活动，也会以更开放的态度应对活动中出乎意料的情况。

教育人员需要立足实践，勤于反思，教育人员应能把自己亲历的事件作为案例去解读、分析、反观和积累，善于总结，不断反思，更加从容地面对活动中的各种情况，做出正确的决策。同时加强教育人员相互之间的交流，通过举办教学观摩、研讨活动，相互学习、总结经验，在学习优秀案例的基础上总结、反思将其内化。

教育素养

——科技类博物馆教育人员的必备技能

教育素养是博物馆教育人员的专业素养之一。目前针对教育素养并没有统一的定义,一般可以理解为博物馆教育人员在教育学、心理学方面的知识与能力素养。本报告参照教育部《教师资格证》笔试"教育知识与能力部分"的题型和考查范围,制定了材料分析题和教学设计题,并将题目设置在科技类博物馆的情境下,从理论和实践两方面考查教育人员对教育理论的理解和教育活动设计及评估的能力。

挑战1:如何提高博物馆教育人员的教育素养?

科技类博物馆教育人员是需要较高科学素养与教育素养的科技教师,其首要职责是开发和开展教育活动。目前科技类博物馆的教育活动虽然丰富多彩,但往往缺乏教育理论的支撑,教育人员的教育理论水平存在落后于其实践的窘境,长此以往将制约教育工作的质量提升。

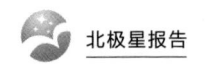

科技类博物馆的展示教育与 STEM 的核心概念有很多相通之处，比如都强调实践、探究式学习、跨学科概念等，大多数场馆也都开发了 STEM 相关的课程。在调查教育人员对于 STEM 教育特征和相关教学过程阶段的理解中发现，教育人员对 STEM 教育理论了解不深。能够说明 STEM 教育理论的基本特征、详述其教学过程的教育人员不多，大多数人员只能说出其中一个特点，不能把握其探究性的本质。

科技类博物馆教育人员所面临的受众中学龄前儿童占有很大的比例，了解这一群体的心理特点能够帮助教育人员更好地策划和实施活动。本次调研利用一道材料分析题呈现了两个博物馆场景当中发生的幼儿在教育活动中争吵等不配合现象，主要考查幼儿阶段自我中心主义这一特点。然而，目前科技类博物馆教育人员能够明确说出"自我中心"这一概念的比较少，很多人只能含糊地表达这一层意思。总体而言，教育人员对幼儿观众的特点了解仍然不够，还需加强相关的理论学习。

在考查教育人员对 STEM 理论的理解时，有 11.8% 的教育人员能够说出 STEM 教育的跨学科特征和科学、技术、工程、数学教育，44.1% 的教育人员能够说出其中一个特点，但是仍然有 44.1% 的教育人员不了解 STEM 教育的特征。在了解 STEM 教育探究性的具体内容维度，只有 38.2% 的教育人员能够结合案例较为完整地说出 STEM 教育中不同探究阶段的特点，另外 61.8% 的教育人员对 STEM 教育中的探究性过程了解较少。

在考查教育人员对幼儿"自我中心"概念理解的题目中，有 30.8% 的教育人员能够明确说出"自我中心"这一特点，或与其意思相近的词语；有 29% 的教育人员能够含糊地表达这一特点，但没有准确地说出"自我中心"这一概念；另外 40.2% 的教育人员既没有说出"自我中心"的概念，也没能表达出这一特点。

可借鉴的解决方案

目前科技类博物馆教育部门的人员专业背景庞杂，有理工科、文学、语言学、美术、法学专业等，很多人员并没有学习过教育学相关课程，教育理论较为薄弱，场馆可以与高校合作，为员工提供一些教育类的系统培训或课程，以提高教育人员的教育理论水平。

方案1：旁听高校教育课程

上海自然博物馆自 2017 年起就设置了"高校随听课程"培训，展教部门的人员可以去华东师范大学、复旦大学学习教育学、心理学、博物馆学相关课程。

方案2：日本学艺员课程

日本有众多大学开设学艺员①养成课程，且课程安排针对学艺员资格认定制度，同时能够满足博物馆实际工作的需要。其中与教育业务相关的课程有"视听觉·教育媒体论"和"教育学概论"。2012年后，日本将这两门学科改设为一门"博物馆教育论"。这一做法显示出日本博物馆更加希望学艺员对非正式教育环境下（博物馆）的教育理论有深入的认识，而非仅仅学习笼统的教育理论。

挑战2：如何提高教育人员的活动设计与评估能力？

除了掌握一定的教育理论，教育人员还需要掌握扎实的教学设计和实践能力，然而调研发现目前科技类博物馆教育人员的教学设计能力有待提高。

教育活动的研发、实施和评估是一个完整的环节，开展教育活动学习效果的评估有助于教育人员改善教育活动。调研发现，教育人员的评估意识比较薄弱，即便一些有志于评估的教

---

① 学艺员是日本博物馆（包括美术馆、科技馆、动物园、植物园等机构）中的专职人员，在一定程度上类似于欧美博物馆、图书馆和档案馆中的"Curator"（一般将其翻译为"策展人"）这一职种。

育人员对活动的学习效果也缺乏专业的评估，具体包括对学习效果的维度界定不明以及不知该采取何种评估方法等。

教学设计题要求教育人员阅读关于"塑料海洋"的四则图文资料，然后根据材料设计教育活动。活动要求写出具体的教育方案、教育目标、教学对象分析、教育理论和评估方案这5个方面。参照学校课程方案设计的评分标准，结合本次测评的目标和科技类博物馆科学教育的情境与特点对评分标准进行修改，满分为100分，其中，具体的教育方案60分，教育目标10分，教学对象分析10分，教育理论10分，评估方案10分。本次调研结果显示，教学设计题的整体得分较低，平均分仅为41.66分，最高分78分，最低分12分。

对30个案例进行深度的内容分析，发现目前科技类博物馆教育人员的教学设计能力有待提高，其存在以下问题：教育活动类型以讲授式课程为主；教育目标偏重知识和态度，缺少过程与方法的描述；教学对象分析不够细致；对教育理论较为忽视或应用不当；忽视学习效果评估或评价方案较为笼统。

(1) 教育活动类型以讲授式课程为主

教育活动主要有课程、实地参观这两种类型，其中80%的类型为课程类。而课程类教育活动中有33%的为讲授式课程、21%为探究式、21%为情境式、13%为实验式、4%为调查式和8%为动手制作式（见图1）。总体而言，展教人员在设计教育活动时,还是偏向于传统的讲授式,其次是探究式和情境式的课程。

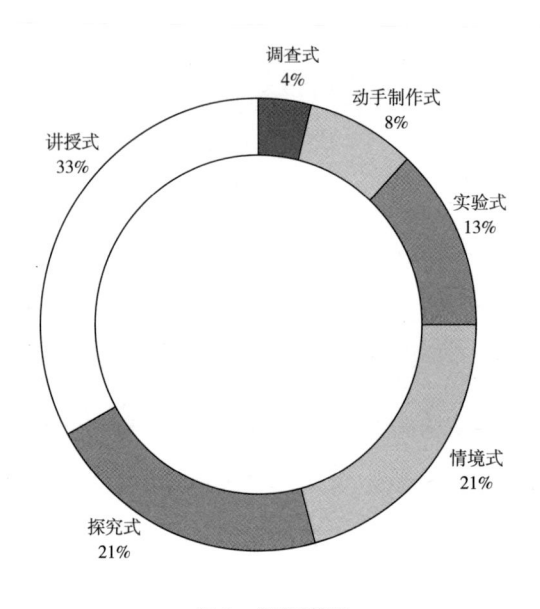

图 1 课程类型

（2）教育目标偏重知识和态度,缺少过程与方法的描述

教育目标相对而言得分较高,有 59% 的教育人员在教育目标这一维度得了满分,能够紧扣材料,设置具体、明确的目标,并且各个目标之间内在联系合理,反映出学习的层次。教育目标基本围绕科学知识、科学过程与方法、科学态度这三方面,且具体方案中的教学过程基本能和教育目标保持一致,尤其是知识维度（如了解塑料、塑料的危害、食物链等）和态

度维度（保护环境）的目标，过程与方法维度相较于其他两个维度来说涉及较少。

（3）教学对象分析不够细致

除一份教学方案是针对青年上班族的，其他活动都是针对小学到高中的学生。教育人员对小学生、初中生、高中生的心理特点、思维特征、认知水平都有一定的认识，能够阐述其基本特征。但认识较为粗略，对年龄的划分不是特别具体，甚至出现了跨度较大的问题。如有些案例中教育人员将初中生和高中生统称为青少年，殊不知初中生和高中生的认知差异还是非常大的。

（4）对教育理论较为忽视或应用不当

近三分之二的教育人员运用了教育理论，如STEM、PBL、STEAM、建构主义、情境教学等，运用的具体教育理论类型和数量见图2。其中，运用较多的教育理论是STEM和PBL，这都是题设中给出的教育理论范例。但是，绝大多数方案只写了所运用理论的名称，能够简单阐明所用理论的特点并说清楚方案是如何体现出相关理论的案例很少，甚至存在一些方案与所用理论不相符的情况。

（5）忽视学习效果评估或评价方案较为笼统

在评估方案方面，近三分之二的案例没有评估方案。即使有些有评估方案，也较为笼统，具体如何实施不是很清

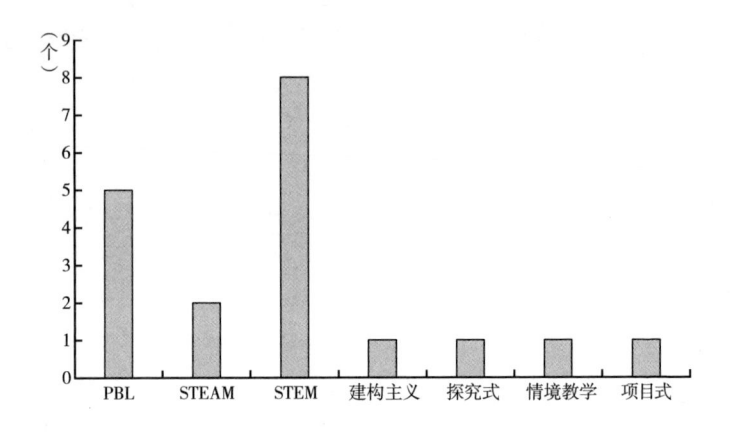

图 2　教育理论类型

楚，评估的指标也不明确，如有一份案例写道："活动完成后填写问卷，活动结束后一周电话回访"。有不少教育人员把评估方案视为学生对整个课程的满意度评估和对科学老师表现的评估。

在评估的维度上，有些评估方案虽然界定了评价指标，但采取何种方法进行评估并不明确，如有一份案例写道："从教师和学生两个群体角度，就参与热情、知识获取、学生文案记录、环保意识养成四方面进行教育活动成效评估"。此外，只有六分之一的评估方案是与教育目标相结合的，注重考查学生在知识方面的获得情况。个别教育人员提出不仅要评估学生知识、过程、情感方面的收获，还要看学生在日常生活中是否真的能做到保护环境、知行合一。

可借鉴的解决方案

除了教育人员在实践中运用教育理论设计活动,实施活动之后通过评估不断归纳总结、改进之外,科技类博物馆还可以通过与高校合作,为教育人员提供活动设计、非正式学习相关的课程,以及共同开展观众研究、学习效果评估等相关工作。

方案1:与高校合作,为员工提供"基于实物学习"课程

英国的许多高校在培养教育专业的学生时,会同时开设一些"基于实物学习"的课程,这些课程能够帮助学员在非正式教育环境下利用实物组织教育教学活动。以伦敦大学为例,伦敦大学的教育学系开设主题为"博物馆、美术馆和学校"的系列课程。该课程为期17天,学生大部分的上课时间是在博物馆、美术馆中度过的。课程分为三个阶段:第一阶段为理论学习阶段,探讨的内容包括博物馆教育者的角色定位、博物馆的实物和展览资源在课堂教学中的应用、非正式环境下教育教学活动的组织和管理等问题。第二阶段为实践学习阶段,学员在导师和博物馆工作人员的引导下,为学校参观团体设计和准备学习资料。学习资料和学习效果会以课程小组讨论的方式进行评价。第三阶段为学习成果反馈阶段,学员们需要独立地

在不同的非正式学习环境中,利用所学的技能来制定教育教学策略并应用到实际的教育教学活动中。

方案2:与高校合作,为教育人员提供博物馆教育和活动设计课程

在美国华盛顿大学中,与博物馆直接相关的专业有两个:一个是博物馆教育学(Museum Education),注重博物馆教育理论的研究和博物馆教育活动的策划、开发;另一个是博物馆学(Museum Studies),课程内容包括展板设计、内容策划、财务管理、项目评价等,涉及博物馆工作的方方面面。两个专业分属不同学院,但课程设置和培养过程中互有合作。博物馆学系会邀请博物馆教育学系的老师来开设课程,而两个院系的学生也可以无障碍地选修对方专业的课程。这两个专业均为研究生的专业,招收的学生本科来自历史、艺术、科技等各个专业学科。通过这种跨学科培养模式培养出来的研究生能基本满足"专业学科+博物馆学科+教育学科"的综合专业素养要求。

方案3:与高校合作,开展观众研究

1997~2002年,美国匹兹堡大学和美国的9所博物馆开展紧密合作,成立了博物馆学习合作社(The Museum Learning

Collaborative，MLC），主张以社会文化理论为基础，致力于博物馆对话分析，旨在推进针对博物馆学习的研究。

方案4：与高校合作，为员工提供与非正式学习相关的课程

俄勒冈州立大学开设的"博物馆及自由选择的学习/非正式教育资格"（Museum and Free-choice Learning/Informal Education Certificate）课程包括三门核心课程和一门选修课程。核心课程（Core Courses）从客观的学习环境、学习者的思想和社会文化三个维度出发，使学员学会设计有效的非正式学习环境、了解学习者的需求和理念并理解社会文化对非正式环境下学习行为的影响。选修课程包括如何在博物馆中实施学习研究、如何进行有效的教育评价等。

履职动机

——科技类博物馆教育人员职业发展的内驱力

研究表明,教育人员的履职动机是影响其职业表现的重要因素。期望价值理论(Expectancy-value Theory)认为个体对活动结果的预期及对活动价值的判断会影响个体的选择、坚持性及表现。本研究中的履职动机调查问卷在参考澳大利亚学者沃特(Watt)等人的"教师职业选择影响因素"(Factors Influencing Teaching Choice,FIT-Choice)模型的基础上进行编制。FIT-Choice 模型是澳大利亚学者沃特等人基于期望价值理论,并整合生涯理论和教师研究成果发展而来的,目的是解决"近30%的澳大利亚教师在任教五年内离职"这一问题。这是目前教师职业动机研究领域最全面的模型。本研究的问卷编制参考了沃特等人的 FIT-Choice 研究量表,在具体研究维度和调研问题上依据科技类场馆教育工作的性质进行改编。履职动机量表分为择业动机和职业认识两部分,择业动机主要调查教育人员在做出职业选择时受到哪些因素的影响,职业认识调查教育人员对所从事工作的实际感知。

现状1：择业动机受社会效用价值、自我效能感和内在职业价值因素影响较大

择业动机量表主要分为择业余地、社会经历、个人效用价值、社会效用价值、内在职业价值和自我效能感六个维度。其中择业余地维度包括"当时并没有其他更适合的工作机会"一项指标；社会经历维度包括"我曾经在博物馆/科普场馆中有很棒的学习体验""我的家人、朋友觉得我适合成为科普场馆的教育人员""和我一起工作过的人认为我应该成为科普场馆的教育人员"三项指标；个人效用价值维度包括"这份工作很稳定、有保障"和"工作资历能被其他工作机会认可"两项指标；社会效用价值维度包括"我喜欢帮助孩子们树立正确的价值观""这份工作让我有机会回报社会/服务社会""这份工作能让我为弱势群体做有益的事情"三项指标；内在职业价值维度包括"我的兴趣/理想就是成为科普教育人员""我喜欢博物馆/科普场馆的工作环境""我喜欢在青少年多的环境中工作"三项指标；自我效能感维度包括"我自身的能力、技能、性格都适合这份工作"一项指标。问卷采用李克特量表进行评分，受访者根据指标和自身情况的符合程度来选择相应的分数。

根据问卷结果可知，对科技类博物馆教育人员择业影响最大的三个因素依次是社会效用价值（即该工作对社会可能产生的效用）、自我效能感（即我是否有自信能够胜任这份工作）和内在职业价值（即这份工作本来就是我所期望从事的工作）。其中职业的社会效用价值对员工择业的驱动影响最显著，说明教育人员在择业时非常认可工作的社会价值，希望通过这个职业来为社会做出贡献。其次为员工对工作的自我效能感和内在职业价值的认知两个因素，也会比较明显地影响员工做出择业选择，说明教育人员在择业时对自我身心特征、职业倾向、职业能力等有比较完善的认识和系统性思考（见图1）。

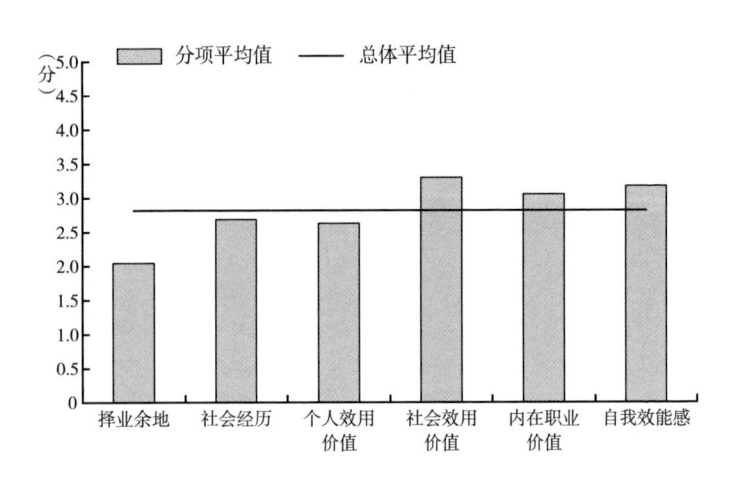

图1 员工择业动机影响因素

社会效用价值对员工择业的影响明显,说明员工在选择职业时已经清晰地认识到工作的社会效用价值,并非常认可和愿意接受该工作的社会服务性质。在社会效用价值因素中,"我喜欢帮助孩子们树立正确的价值观"一项对于员工择业的影响最明显,说明员工在择业时普遍认可这份工作能够对儿童青少年的未来成长和价值观塑造产生积极影响(见图2)。

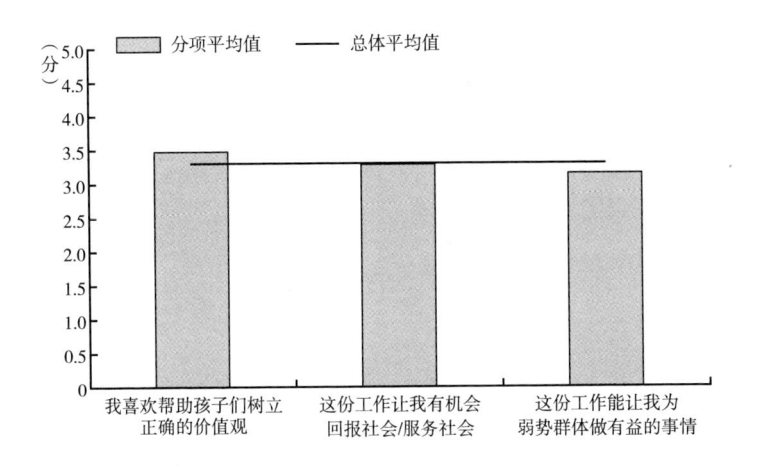

图2 社会效用价值对择业动机的影响

内在职业价值和自我效能感因素对于员工择业的影响明显,说明员工在择业时,对自己的工作能力、专业水平、兴趣爱好、工作理想等有比较清晰的认识,对自己从事科技类博物馆教育工作的胜任能力较为自信,在择业中并非处于被动的状况。在内在职业价值维度中,"我喜欢博物馆/科普场馆的工作环境"和"我喜欢在青少年多的环境中工作"两项因素对员工择业的影响最明显(见图3)。

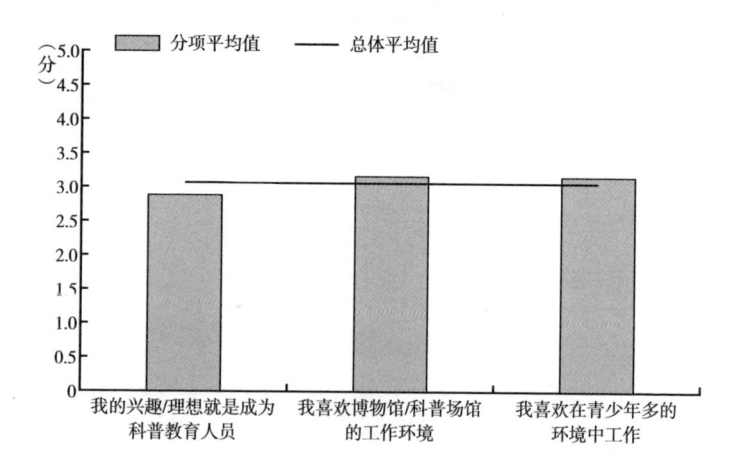

图3 内在职业价值对择业动机的影响

现状2：不同属性场馆、学历和工作年限的教育人员在职业认识上存在差异性

履职动机量表的第二部分由职业认识量表组成，主要考查教育人员对所从事工作的实际感知。量表具体分为整体满意度、付出程度、回报程度、专业性四个维度。其中，整体满意度下设"给我带来比较满意的收入"和"我对于我目前的工作选择感到很满意"两项指标；付出程度下设"工作量很大"

"工作压力很重,其中最主要的压力来自脑力方面""工作压力很重,其中最主要的压力来自体力方面""工作压力很重,其中最主要的压力来自人际关系处理方面"四项指标;回报程度下设"给我带来较高的社会地位""行业内工资水平""给我带来较高的成就感"三项指标;专业性下设"需要较高水平的专业知识、技能和学科知识水平"一项指标。问卷采用李克特量表进行评分,受访者根据指标和自身情况的符合程度来选择相应的分数。

调查结果发现,国有场馆和非国有场馆员工在职业认识方面存在显著差异,非国有场馆员工对工作的整体满意度、工作回报程度的认可度要显著高于国有场馆员工。分析相关指标可知,国有场馆员工对"给我带来比较满意的收入"和"行业内工资水平"两项指标的认可度显著低于非国有场馆员工,对"我对于我目前的工作选择感到很满意""给我带来较高的成就感""给我带来较高的社会地位"三项指标的认可度也低于非国有场馆员工。值得注意的是,显著影响工作整体满意度的因素并非工作付出程度而是工作回报程度,表现为非国有场馆员工认为尽管自己工作付出比较多,但可以获得与付出程度相匹配的回报,因此对工作的整体满意度相对较高。而国有场馆员工认为自己的工作付出程度高,但无法获得与付出程度相匹配的回报,因此对工作的整体满意度也较低。这说明影响工作整体满意度高低的焦点在于工作付出程度和回报程度是否匹配,而非单纯工作量、工作压力等付出程度的高低。

不同学历背景的员工在职业认识上也存在显著差异,主要体现在付出程度、回报程度两方面。分析付出程度具体指标可知,不同学历背景的员工在工作量方面的感知差异不大,均认为目前所从事的岗位工作量比较大。这也与实际相符,在访谈中也有不少教育管理者提及教育部门是科技类博物馆里最忙碌的部门。但是不同学历背景的员工在工作压力方面的感知差异显著,本科及以下学历的员工感知来自体力方面的工作压力要显著高于研究生学历员工。分析回报程度各细分维度可知,研究生学历员工在工作回报程度,尤其是工资水平方面的认可度显著低于本科及以下学历员工。这说明研究生学历的员工并没有在工作中获得与学历相匹配的回报,尤其是在物质回报方面。

不同工作年限的员工在职业认识上存在显著差异,从事展教工作 7~10 年的员工对工作回报程度和整体满意度的认可度最低,1 年以下新员工对这两项的认可度相对较高。分析指标可知,从事展教工作 7~10 年的员工对收入满意度、工作满意度、收入水平、工作成就感四项指标的认可度显著低于 1 年以下新员工。从年限资历上看,从事展教工作 7~

10年的员工应该属于工作经验丰富、工作能力强的骨干员工。他们对于回报程度和整体满意度的低认可度可能缘于两方面原因:其一,事业单位缺乏完善的薪酬体系,难以匹配与之资历和能力相符合的薪酬;其二,缺乏职业上升空间,成就感不足。

国有场馆和非国有场馆员工在职业认识方面存在显著差异,非国有场馆员工对工作整体满意度、工作回报程度的认可度要显著高于国有场馆员工(见图4)。

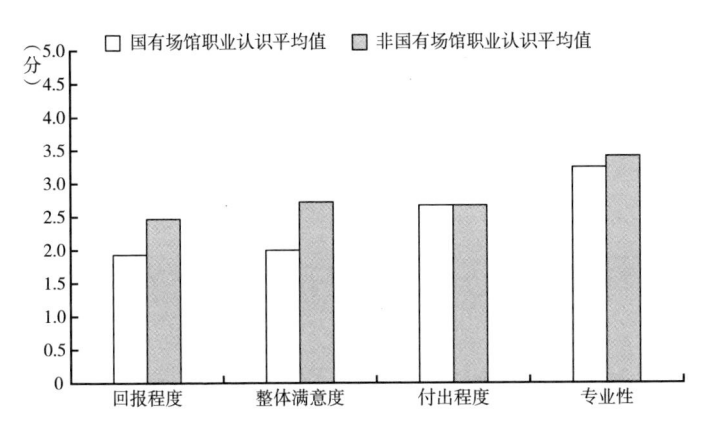

图4 国有场馆和非国有场馆员工在职业认识上存在差异

不同学历员工在职业认识上存在显著差异,主要体现在回报程度、付出程度两个维度上。其中低学历代表本科以下学历人员,一般学历代表本科学历人员,高学历代表硕士研究生及以上学历人员。其中本科学历人员和本科以下学历人员的差异不大，但与硕士研究生及以上学历人员的差异十分明显。硕士研究生及以上学历员工对于职业的回报程度和付出程度的认可度显著低于本科及以下学历员工（见图5）。三类员工均认为所从事的工作是专业性较高的工作，尽管呈现学历越高的人认为工作所需专业性越低这样的趋势，但差异不显著。

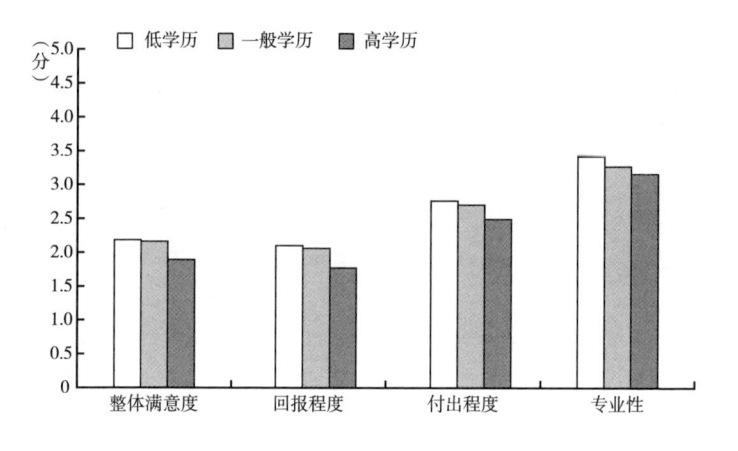

图5 不同学历员工在职业认识上的差异

从事展教不同年限的员工在职业认识上存在的差异性，主要体现在回报程度、整体满意度两个维度上。其中从事展教7～10年员工对工作回报程度和整体满意度的认可度最低，其次为从事展教4～6年员工，1年以下新员工对上述两项的认可度相对最高。从事展教7～10年员工对工作的整体满意度最低（见图6）。

图 6　不同工作年限员工在职业认识上的差异

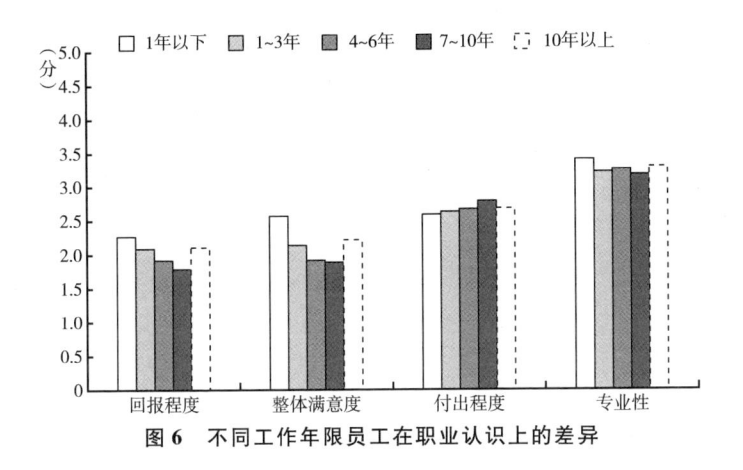

挑战：如何提升教育人员对工作的满意度

FIT-Choice 模型认为员工对职业的整体满意度会受到择业动机和职业认识的共同影响。从科技类博物馆教育人员履职动机调查结果可知，教育人员对目前工作的整体满意度不高，而其对工作的整体满意度与职业认识呈现显著的正相关关系，即教育人员对职业实际感知的认可度越高，则对工作的整体满意度越高。

分析职业认识量表具体指标可知，科技场馆教育人员普遍认为本工作是一项专业性很强、付出程度较高，但回报程度较低的工作。通过相关性分析可知，回报程度和整体满意度之间的正相关关系最密切，说明回报程度是影响整体满意度的主要因素。分析回报程度下设指标行业内工资水平、工作成就感、社会地位三项指标可知，员工对这三项指标的认可度越高，则工作整体满意度越高。分析整体满意度下设"给我带来比较满意的收入""我对于我目前的工作选择感到很满意"两项指标可知，员工对收入的低满意度影响了对工作的整体满意度。比较上述四项指标与整体满意度平均值可发现，行业内工资水平、社会地位、收入满意程度三项远低于平均值，说明员工对这三项指标的低认可度。

综上所述，工资水平低、社会地位低是造成科技类博物馆教育人员工作整体满意度低的主要因素，同时工作对于人员的高专业性、高付出程度要求以及较弱的工作成就感对工作整体满意度也会产生一定影响。

从职业认识量表来分析，员工对职业的专业性和付出程度两项指标的认可度高于平均水平，对职业的回报程度、整体满意度的认可度低于平均水平。这说明员工普遍认为本工作是一项专业性很强、付出程度很高，但回报程度很低的工作，同时对工作的整体满意度不高（见图7）。

行业内工资水平、社会地位、收入满意程度三项指标低于整体满意度平均值，说明员工对这三项指标的低认可度影响了整体满意度水平（见图8）。

在职业付出程度维度中，"工作量很大"一项认可度最高，说明员工普遍认为所从事的职业工作量很大。工作压力方面的数值表明，较多员工认为所从事工作的压力主要来自脑力

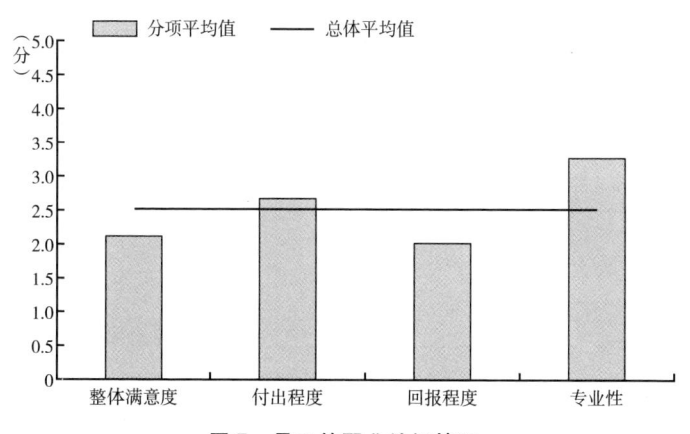

图7 员工的职业认识情况

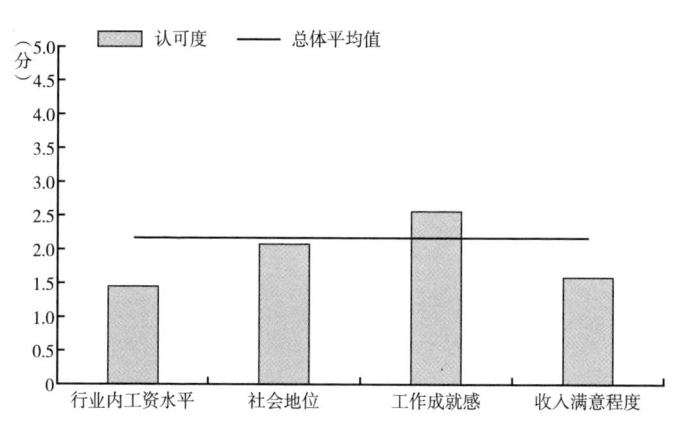

图8 员工整体满意度的影响因素

方面,其次来自体力方面(见图9)。

在职业回报程度维度中,"行业内工资水平"和"给我带来较高的社会地位"两项指标认可度最低,说明员工感到所

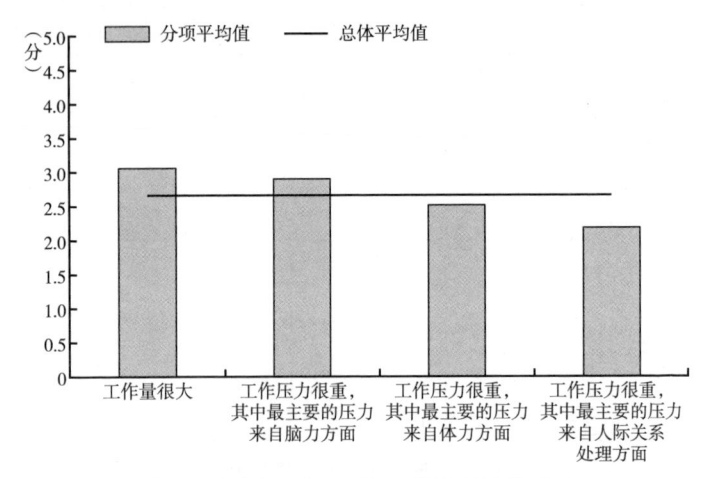

图 9 职业付出程度对员工职业认识的影响

从事的工作带来的物质回报很低，感到从事该工作所获得社会地位的回报感也比较低。同时员工认为工作能够给自己带来较高的成就感（见图 10）。

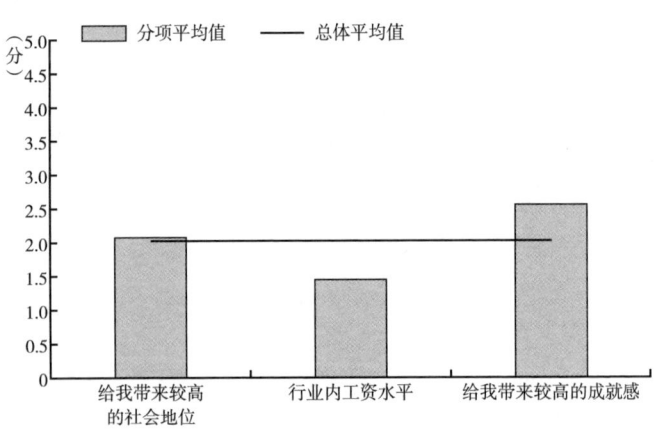

图 10 职业回报程度对员工职业认识的影响

可借鉴的解决方案

方案1：提升教育人员职业回报程度

由于职业认识维度下回报程度与整体满意度关系最为紧密，场馆应该深入了解员工对当前工作回报的具体感受，并重视提高员工在物质层面（如工资、绩效、福利等）和精神层面（如成就感、社会地位）的回报程度。

综合整体满意度相关数据可知，矛盾主要集中在工资收入方面。因此，场馆需重视员工工资、待遇方面的提升，增强员工在物质层面的回报感。在当前科技场馆人员聘任体制下，国有场馆中在编人员在工资待遇上受制度所限难以有较大幅度改善，因此此类场馆可以根据实际情况优化员工福利。如在北上广等一线城市，租房难、就医难、就学难是工薪阶层普遍存在的问题。场馆针对上述问题制定相应的员工福利措施，如争取补充公积金、住房补贴、廉价公租房等优惠住房政策，利用行业优势与医疗机构、教育机构进行共建，为员工争取优质的医疗资源和子女就学资源。

在精神回报层面，科技类博物馆教育人员社会地位不高是普遍现象，尤其是一线员工。对此，场馆应该尽力营造一种开放、包容的组织文化，倡导社会公众尊重、理解教育人员，改变公众对于一线教育人员是"服务员"的刻板印象，提升教育岗位的社会地位。

方案2：关注不同学历员工的需求和职业发展

根据分析可知，科技类博物馆教育部门管理者在安排工作时，可能有意识地将需要体力的工作安排给较低学历人群。一般而言，场馆内体力强度较大的工作通常比较机械、烦琐，缺乏成长性。因此，馆方应当重视对这部分员工进行专业化技能培养和未来职业规划，帮助他们看到职业的成长性，树立和维持对工作的热情和积极性。

由于本科及以下学历人群在择业时更容易受社会经历的影响，尤其比较容易受到家人和朋友劝说的影响。因此，如果场馆的招聘岗位面向本科及以下学历人群时，应当在招聘前对此类人群重点说明岗位内容、工作环境、未来发展前景，鼓励他们认真思考工作选择，避免盲目择业。

由于研究生学历员工在工作回报程度，尤其是工资水平方面的认可度明显低于本科及以下学历员工。因此，场馆应该为高学历人才制订有吸引力的人才计划，比如提供有竞争力的薪酬福利、生活补贴、科研经费、人才奖励、发展机会等。

方案3：采用更加灵活的聘任模式和更为有效的激励分配制度

国有场馆员工对"给我带来比较满意的收入"和"行业

内工资水平"两项指标的认可度都显著低于非国有场馆员工。非国有场馆采用企业化的经营管理模式，因此在薪酬绩效体系上可以真正实现多劳多得，但国有场馆中尤其是在编人员，由于受制度所限，工资难以得到突破，可以从聘任模式和分配制度上借鉴非国有场馆的做法。

在聘任模式上，国有场馆可以利用非编人员的灵活聘任管理方式引入高端紧缺人才，一方面给予其和资历、能力相匹配的薪酬；另一方面在员工福利、晋升通道等方面给予其和在编人员同等待遇。

在分配制度上，国有场馆可以尝试采取更为有效的绩效分配办法，以真正起到激励作用。例如，中国科学技术馆在大客流期间，一些关键岗位的劳务派遣人员可能获得比事业编制人员更高的奖金和补贴。比如，索尼探梦科技馆员工实施阶梯式工资形式，每个人都有基本工资，靠技能加工资，例如有表演技能的员工可以通过专业老师进行考核评级，按年度演出工作量加一级工资，此外具有多语种讲解、后期编辑、摄影摄像等技能的员工都能在工资上有所提升。总体而言，场馆支持员工学习更多的技能。例如，厦门科技馆员工绩效与工作成绩紧密挂钩，如外联部员工绩效与客流增长量、门票收入挂钩，培训部员工绩效与课时量、学生人数挂钩。

尽管国有场馆可能难以直接复制非国有场馆企业化的运作

模式，但是在绩效分配等激励制度上不失为一个参考，即根据岗位功能细化绩效分配的细则，真正实现"多做和少做不一样"，并制定量化可行的绩效评价指标。

方案4：关注不同从业年限员工的履职状态和诉求

结合实际情况可知，从事展教工作4~6年的员工绝大多数为青壮年员工（23~29岁占比67.83%，30~39岁占比26.09%）。该年龄段员工在家庭支出方面需要承担较大的压力，同时受工作年限、职级水平和职称水平所限，工资水平比较一般。因此，场馆应当特别关注此类人群在薪酬方面的现状和期待。

从事展教7~10年的员工对工作整体满意度、工资水平、工作成就感的认可度最低，说明该阶段员工在工作态度上呈现比较消极的状态，可能和长期工作后的心态变化、馆内培养策略等有关。从事展教工作7~10年的员工绝大多数为青壮年员工（23~29岁占比7.58%，30~39岁占比89.39%），并且展览教育岗位通常多为资深人员，不乏骨干员工。场馆应重视此类员工的工作状态，重点关注此类人群在工作方面的诉求，深度了解其工作满意度不高的原因，提升该年龄段员工的工作成就感，通过物质及荣誉激励调动他们的工作积极性。

1年以下新员工对于工作工资水平、整体满意度的认可度均显著高于其他类型员工,社会地位、工作成就感方面的认可度也最高。因此要关注从事展教工作1年以下员工的工作成长性,保证新员工的积极性和对工作认可度的长久性。分析具体选项可知,1年以下新员工在择业时会比其他类型员工更多考虑"工作资历能被其他工作认可",五类人群在择业时受工作稳定性和保障性因素影响的差异并不显著,工作7~10年的员工受该因素的影响程度略高于其他类型员工。

因此,馆方应当注意为新员工提供更多职业发展的机会和平台,让此类人群能够看到工作的成长性,维护新员工对该工作的积极态度。另外,此类人群在择业时受工作资历的社会认可度这一因素的影响比较显著,说明他们选择这份工作是希望能在此积累工作经验,收获具有社会认可度的工作资历。馆方可以通过轮岗的方式让他们体验不同岗位的工作内容,也应当为此类人群提供更多专业技能培训的机会,鼓励他们去获得相关行业的职业资格认证等。

教育篇

教育生态参与

——作为独特教育场域的价值体现

教育生态系统是指在教育领域，教育者、受教育者等人与周围环境之间所构成的相互联系的整体。[1] 国际上一系列对博物馆在科学教育中作用的研究，都证实了博物馆在教育生态中的重要地位，[2] 及其作为非正式学习环境在科学教育方面具备的先天优势。随着国内博物馆数量的进一步增加和社会对博物馆教育的重视，科技类博物馆需要进一步发挥其在教育生态系统中的价值，占据独特的位置。

现状：科技类博物馆参与当地教育生态程度不同

研究团队就博物馆的外部合作关系这一问题与各馆受访者

---

[1] 邓小泉：《中国传统学校教育生态系统的历史变迁》，华东师范大学博士学位论文，2009。
[2] Falk J. H., Dierking L. D., Osborne J., et al., Analyzing Science Education in the United Kingdom: Taking A System-wide Approach, *Science Education*, 2015（99）.

进行了交流,希望能够了解博物馆在教育生态中的定位及合作关系。总体上,科技类博物馆对教育职能的认识日益加深,以其独特的资源和学习方式参与科学教育中。但不同地区、不同类型和体量的场馆在与外部机构的互动中程度有所不同。特别是在与教育主管部门的合作方面,仍有进一步发展的空间。

发现1:更积极地参与中小学科学教育

综合受访场馆的反馈,在各外部关系中,中小学是博物馆最为看重的合作对象。各博物馆都积极与中小学沟通协作,寻求建立更紧密合作机制的途径。

受访博物馆在开发教育活动时,普遍把与科学课程标准的对接、与当地教材的衔接纳入设计的要点。各博物馆都在尝试开发适用于中小学的科学活动和课程,从非正式教育的角度拓展学生的科学教育,培养学生对于科学探究的浓厚兴趣,并帮助学生找到感兴趣的科学问题进行深入研究,在科学实践中掌握科学方法,培养科学素养。

部分受访博物馆为教师开设培训班,以此增加场馆和学校的相互了解。走访中,不少场馆反馈,当地学校的科学教育未得到应有的重视,中小学科学教师由其他学科教师兼任的情况比比皆是。博物馆希望科学教师能对博物馆增进了解,了解利用博物馆的方式,多走进博物馆,把博物馆资源融合到课堂教学中。

发现2：不同类型场馆发挥各自资源优势

本次访谈的场馆有综合类博物馆、专题类博物馆以及高校/行业类博物馆三类。从20家受访场馆的整体数据来看，博物馆所感知的与外部机构的关系紧密程度由近到远依次是中小学、其他行业馆、教育主管部门、高校/研究所、教育机构/公司（见图1）。

图1　博物馆感知的外部关系远近

注：越往右，关系越疏远。

分别来看，三类场馆与外部机构的紧密程度不尽相同。综合类博物馆相较其他类型场馆与教育部门的联系更为紧密，在所在城市里也更易发挥教育品牌的作用。一些城市会定期举办"科技节"活动，在这类城市品牌活动中，综合类场馆作为社会科普教育的平台承担重要角色。

专题类博物馆，凭借其精专研的馆藏资源在教育生态中展现别样特色。第一，专题类场馆的主题特色深受中小学的青睐，在校本课程的开发中可以充分发挥作用，凸显特色，如北京天文馆、中国航海博物馆、中国地质馆等，吸引了一批有专业需求的中小学，促使它与中小学就相关主题建立深入的合作关系。第二，响应社会对主题类教育的需求，在一些城市公共场所进行布展，如机场、大型购物中心等公共场所，专题馆因其鲜明的主题特色在公共区域的展陈中呈现一定优势。第三，城市的主题性节日或活动也是专题类场馆发挥专长的舞台，如上海临港海洋节就为中国航海博物馆提供了很好的展示平台。

高校/行业类博物馆的体制与其他类型场馆有所区别。行业类博物馆大多以公司的运营方式进行运作，因此整体风格较为灵活，在整个教育生态中自主性更强，能够大胆创新，如索尼探梦科技馆针对孤独症儿童的教育项目、厦门科技馆开展的国外研学游活动等，体现了此类场馆较强的创新意识，以及大胆付诸实践的实干精神。高校直属的博物馆因为自身与高校的特殊关系，在教育活动开发、理念方法等方面更易获得专业支持。

从近年来举办的馆校结合科学教育论坛会议主题和论文集内容来看，科技类博物馆从业人员对如何发挥科学教育功能的认识不断深入，对馆校结合的实践也从模糊到清晰，并朝多样化发展。从参会人员的构成也能够看到馆校结合的参与面越来越广，博物馆的教育生态价值进一步获得充分认可。

2016年9月，上海市11家科普场馆组建科普场馆"自然联盟"。2018年5月，上海博物馆、南京博物院、浙江省博物馆、安徽博物院等29家国家级博物馆及相关文化单位成立长三角博物馆教育联盟,通过开展教育主题展览会、学术研讨会、培训工作坊等形式,构建博物馆文化资源共享平台。

全国开设了各类针对青少年的竞赛,其中天文奥林匹克竞赛、青少年科技创新大赛等与科技类博物馆契合度较高。在参赛过程中,当地科技类博物馆是学生们寻找灵感的宝地,这些比赛内容及学科设置和科技类博物馆具有非常高的契合度。多家场馆表示在馆内可以看到中小学生及指导老师正在考察和学习,为参赛做准备。

困难:与教育主管部门的协同合作

与中小学建立良好的互动关系是调研中博物馆普遍表达的愿望。在馆校关系中,有些地区呈现博物馆"热"、学校"冷"的状况。受访博物馆均表达了服务于中小学校外教育的强烈意愿,但希望得到来自教育系统的更多支持。有些地方则是学校和博物馆"两头热",但需要政策的支持。博物馆和中小学分属两个体系,因此博物馆与教育主管部门的协同合作显得尤为重要。

调研中,受访者反映馆校教育活动开展过程中一个无法避免的问题就是博物馆与学校分属不同系统,协作互动存在障碍。博物馆端大多积极开发馆校项目，提供教育资源。但教育的主管部门尚未对校外教育资源利用的必要性、重要性产生足够的重视。往往是有大型活动要举办了，教育主管部门才会联合博物馆开展活动。但常态化的馆校结合还是由博物馆和各学校自发联系，点对点开展。对学校端而言，在有些地区外出开展博物馆参观活动是需要得到教育主管部门批准的。一些学校有与博物馆接洽的意愿，但也只能自行接洽，没有一个对接的平台。

分析调研数据可知，对馆方来说，目前教育主管部门与场馆的关系明显远于学校与场馆的关系。其中，4家场馆表示与当地教育主管部门没有任何合作以及获得支持，10家场馆与教育部门的合作是弱联系的状态，剩余仅有6家场馆目前处于强联系的合作关系。另外，近三成受访者明确表示希望当地教育主管部门能提供资金、课题、宣传等方面的支持，共同推进馆校教育，激发中小学校的积极性。从很多实际案例来看，教育部门的参与确实能够帮助馆校教育活动的开展。但也有部分博物馆反映，教育主管部门对馆校活动没有起到真正的支持作用，只是要求对每次的教育活动进行内容报备，以及在年底进行项目验收，然而没有从教育主管部门的角度对博物馆的相关工作进行指导或提供切实有用的资源。

研究中，就博物馆与当地教育主管部门的合作密切程度进行调查，结果如图2所示。走访的20家场馆中，20%表示与教育主管部门无联系；50%表示与教育主管部门是弱联系，关系不紧密，合作不深入，且多为临时或短期合作。

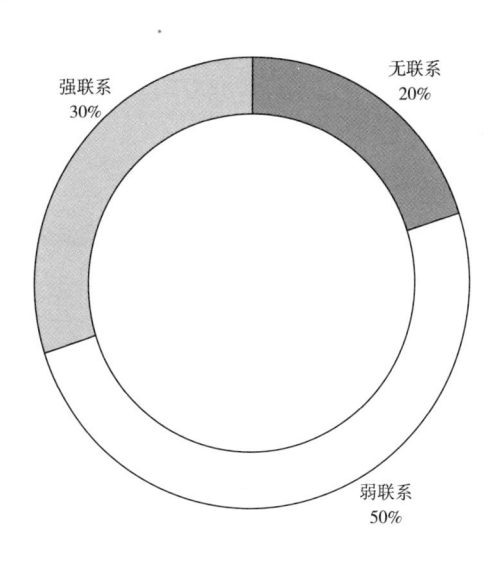

图2 博物馆与教育主管部门合作程度

可借鉴的解决方案

> **方案1：为教师群体提供培训项目和体验活动，纳入教师研修体系**

博物馆独特的教育空间和展品资源对学科教师有天然的吸引力，而现在教师培训的形式和内容也越来越多样、创新。博物馆可以通过为教师群体提供体验或培训活动，提升教师对非正式学习环境的认知。而教育主管部门也可以开拓思路，把博物馆提供的资源纳入教师研修的学分课程和体系中，激励教师走进博物馆。

例如，江苏省科学技术馆和南京市教育局及南京市科委三家单位联合开展"南京市中小学教师科普剧创演培训"，在"联合大科普"的思想指导下，共同组织开展专题性科普形式创新类培训活动。科普剧是馆内普及率较高的一种教育活动，利用科普剧这种形式，可以使科学知识以更加生动的方式向受众普及，寓教于乐。培训采取理论和实践相结合的方式，通过分析科普剧的发展、创编实例，让参训老师掌握、了解科普剧的特点及创演技巧和规律，为之后各校科普剧创演活动打下基础。

方案2：顶层设计打破壁垒，与中小学需求结合

馆方与校方所属系统不同，因此需要借助教育主管部门的中介作用，打破系统性壁垒，促成馆校高效合作。例如，上海科技馆、上海中国航海博物馆与上海市教委共同推动，开展馆校结合项目，与上海市上百家中小学校签署合作共建协议，开展教师培训、课程共建等不同层面的合作。

在与中小学、教育部门建立联系的基础上，可进一步将双方合作的内容具体化、细节化，结合学生学业发展的实际需

求，寻找融合点和突破口，真正实现双系统协同合作的有效落地。例如，郑州科学技术馆定期与中原区教体局签订"馆区合作"的相关协议，每半天至少安排一所学校来馆开展活动。馆方制定本学期的课表，各校按照课表提前联系馆方负责教师确认活动参与人数及具体细节，以确保活动能够有序进行。北京市中考中涉及以中国科学技术馆内展品为背景的试题，使得学校、家庭对于科技馆提供关于中学物理与展品间联系的教育活动、出版物需求强烈。

趋势1：与中小学骨干教师、特色学校紧密合作

博物馆为中小学提供了一种跨场景的学习体验。但要让博物馆教育发挥更大的价值，还需要馆校之间的相互配合。目前到馆参观、馆校合作活动中，中小学教师大部分扮演了联系人的角色，在教育活动的开展过程中并没有实质性的教学合作。但随着博物馆教育价值的涌现、馆校合作的深入，博物馆教育工作者与中小学教师的紧密合作也是可预见的趋势。

在受众群体中与博物馆教育部门联系最紧密的是中小学。但通过进一步深入访谈发现，其实各馆与中小学教师的联系程度不一。走访的 20 家场馆中，12 家呈现相对较弱的合作关系，主要表现为馆方提供教育活动，校方提供反馈建议。另外

与中小学教师呈相对紧密联系的有8家场馆，主要合作方式有开展教师培训、共同开发教育活动或校本课程以及与教研员的合作等三类。

为中小学提供教师培训，是使馆方资源获得有效利用和宣传效果的一种方式。中小学教师通过培训能够对博物馆的科学资源有一个更全面的认识，将博物馆作为教育场所树立一个积极正确的认识，为后续中小学教师利用场馆资源进行学科教学创造了前提。目前，已有不少博物馆开展此类培训活动，如上海科技馆、上海自然博物馆、江苏省科学技术馆、索尼探梦科技馆等多家场馆。当然，这种合作需要博物馆发挥自身的主动性，为中小学教师敞开互相学习的大门，调动教师的积极性和合作兴趣。

与中小学教师共同开发教育活动或校本课程，这种方式从目前来看所占比例很小，这也归结于这种方式在实施过程中难度较大，一是可能没有和学校教师合适的接洽机制，二是能够遇到对博物馆教育有较好理解并且专业知识过硬的教师也绝非易事。但走访中，不少场馆表示正在尝试这种方式，同时也非常希望能与中小学的骨干教师多合作，集结学科教研组和博物馆资源进行开发。这对于博物馆教育活动获得更优质发展而言是个有利趋势。

除了与常规中小学教师的合作以外，教研员、骨干教师作为地区学科教师中的领头人，博物馆与之合作能够获得更加直接、科学的专业性指导。教研员能够帮助馆方教育人员正确解读学科课程标准，以及对一些馆内教育活动予以建设性指导，对科学性和教育性进行把握。这对于博物馆而言，是事半功倍的有利帮助。虽然目前的走访结果显示，与当地教研员联系密切的场馆仅3家左右，但教研员对馆方的帮助是有目共睹的，这促使与教研员的紧密合作成为非常有必要的发展趋势。

就博物馆与中小学教师的合作关系进行调查，在走访的场馆中，60%的场馆与中小学教师的关系较弱，停留在比较粗浅的交流层面。40%的场馆与中小学教师有较强的联系，以共同开发教育活动、教师培训、与教研员的合作等三种方式为主（见图3）。有些博物馆会以其中的一种方式为主，比如邀请个别学校进行课程共建，邀请教研员或对此有兴趣的教师开发相关课程。也有博物馆将这三种方式结合在一起开展活动。以上海自然博物馆的"博老师"项目为例，馆方会为对博物馆教育感兴趣的教师提供系列培训，培训结束后会邀请教师设计开发利用博物馆教育资源的课程并设法实施。培训过程中和课程的评估环节，馆方会邀请教研员、高校研究者共同开展教研培训、评估方案。

在与学校合作方面，不少学校都会有自己的特色课程，有与相关博物馆建立深度合作关系的需求。比如，上海中学东校

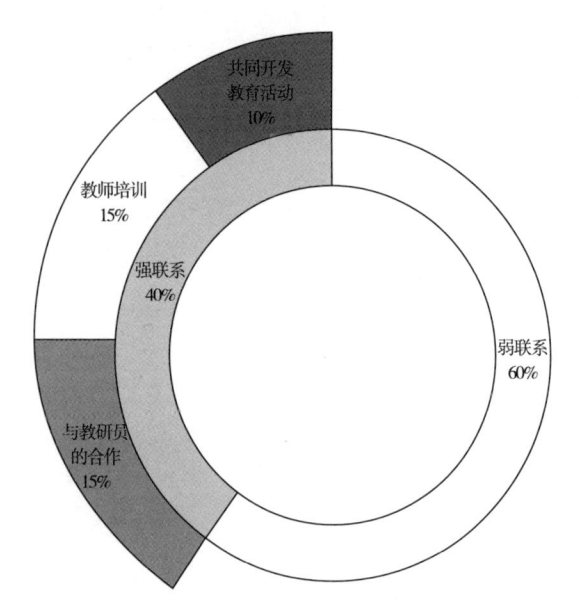

[图：环形图，显示强联系40%、弱联系60%；共同开发教育活动10%、教师培训15%、与教研员的合作15%]

图3　博物馆与中小学教师关系紧密程度

引入航海馆的船模制作课程作为校内选修课，学生可依据个人兴趣进行选修，该课由馆内教育人员来校上课，课程设计融入STEM相关理念，课程不只讲授船模知识，更融入了木工方面的内容及航海的相关知识。

趋势2：增加与外部机构的协作

帕特里克·斯蒂尔（Patrick Steel）在英国博物馆协会官网发表的《2020年的博物馆》中表示，博物馆与博物馆之间、博物馆与外部机构之间，都要不断加强合作，分享交流专业知识和馆内资源。[1] 博物馆为了自身可持续发展，寻求外部机构的协作也是一个重要的途径。在不断的合作交流中，博物馆也在同步提升社会影响力。

目前博物馆与外部机构的合作中，除了与中小学和当地教委外，主要是与高校/研究所以及其他博物馆、教育机构/企业等合作。

①与高校/研究所的合作。本次访谈中存在这种合作方式的场馆比较多。合作内容包括高校专家为博物馆提供专业性指导；博物馆为高校提供学生培养的实践基地，比如大学生志愿者、科学教育类专业的联合培养等。

②与其他博物馆的合作。这种合作方式一般以临展交流和人员互访、培训为主。访谈中有中小型博物馆表示，希望能够和大馆合作，进行资源共享和交流。

③与教育机构/企业的合作。这类合作以资源输入到馆为主，教育机构/企业会为博物馆提供相关课程。

虽然一部分博物馆和外部机构的协作中呈现资源共享、双方共赢的趋势，但仍有部分博物馆与外部机构的合作存在一些

---

[1] Patrick Steel, Museums: 2020 We Need More Collaboration, https://www.museumsassociation.org/campaigns/museums2020/12062012 - museums2020 - we - need - to - work - more - with - each - other, 2012-06-12.

理念和体制上的差异。

大多数博物馆都对和外部机构合作充满愿景和希望，尤其是一些自身资源较少的博物馆，希望能与大馆有更多的交流合作机会，扩大自己的视野。一些博物馆也表示希望能够借助社会专业力量形成联盟，更好地将馆内资源传递给民众。比如福建省科技馆表示希望能够联合气象局、地震局、地质局等专业机构，建立科普联盟，联合多方科研力量，更专业地开展科普活动。另外，不少受访者也表达了想要获得高校/研究所专业支持的愿望，高校和研究所作为国家培养人才的基地，具有丰富的科研资源和强大的科研力量，这正是博物馆一直想要拥有的。博物馆和高校/研究所进行合作，可以充分发挥双方的优势，共同打造更优质的非正式教育。博物馆在与其他博物馆的协作中，双方可以互相汲取不同的理念，扩大视野，解决了博物馆内存在的活动单一、资源自我限制等难题，共同提高博物馆的影响力。教育机构/企业具有较强的针对性、实用性和影响力，博物馆与教育机构/企业进行合作，在保证公益的前提下，借助其行业优势，能够实现更加有效的运营。

中国地质博物馆与高校的合作紧密，高校为博物馆提供志愿者服务，学生志愿者到博物馆进行社会实践。比如地质大学的学生和其他高校的志愿者，会到博物馆参与科普活动。

上海科技馆在和企业合作方面有一定的实践基础，其与安捷伦、巴斯夫和波音等企业签约,签约企业每年为科技馆提供课程套件,同时科技馆帮助它们提高社会影响力和社会知名度。目前上海科技馆有"走进安捷伦""走进巴斯夫"等活动,科技馆的员工会带领学生参观企业,这些都是和企业进行的合作。

中国科技馆与高校/研究所、公司、其他博物馆等外部机构皆有合作。与高校/研究所的协作,具体实践包括三方面:一是学科专家和北京师范大学、首都师范大学的科技教育专家,在专家咨询会上给科技馆提供一些建议;二是北京航空航天大学和北京师范大学两所高校的科技教育相关专业的选修课,是与科技馆合作进行授课的;三是合作高校的学生可以在科技馆进行实习和收集实验数据。中国科学技术馆与公司的合作,以输入到馆为主。若某个公司的教具产品较好,此公司可以到馆内进行交流探索,但是必须以公益为主,不能以宣传为目的;馆内举行大型活动时,也会和巴斯福、安捷伦等公司合作。

索尼探梦科技馆北京馆与高校有合作,比如中国传媒大学的错觉心理学专业课程,老师会利用馆内的展品进行教学。馆内进行科学实验时,也会邀请高校的老师前来核查实验原理,例如馆内的水下空气炮实验,会请高校物理老师给予指导,确保实验原理正确无误。此外,索尼探梦科技馆北京馆还与中国科学院的权威科普杂志《Newton 科学世界》联手合作,开发了科学名家讲座《缤纷科普大讲堂》教育活动。

受众人群覆盖

——实现平等、多元、包容的博物馆教育

随着教育公平成为社会关注的热点问题，博物馆也逐渐开始重视教育的公平性、多元性和包容性。2020年国际博物馆日的主题是"致力于平等的博物馆：多元和包容"（Museums for Equality：Diversity and Inclusion）。这一主题旨在告诉博物馆界乃至社会，为不同身份、背景的人们创造有意义的教育体验，是博物馆社会价值的中心。因此，向不同人群开展教育活动，扩大教育活动受众覆盖面已成为博物馆面必须考量的指标之一。

现状：教育活动受众主要集中于小学阶段

在设计、开展教育活动时，观众的学习特征和学习需求是博物馆教育工作者必须考虑的重要因素。每个博物馆特色不同，在设计教育活动中侧重的学习对象也会存在差异。亲子家庭（学龄前）、学生群体、成人观众构成了科技类博物馆的主

要受众类型。在所调研的科技类博物馆中，学生群体的教育活动比例最高。而在细分学段中，针对小学学段的教育活动占据了大部分。

通过访谈发现，博物馆教育活动集中于小学阶段是一个"自然选择"的结果。从观众的年龄构成来看，学生群体中小学生的占比较高。到馆参观时，小学也更有意愿参与场馆提供的教育活动。场馆从需求出发，按照客流分布开发教育活动，自然形成了小学学段教育活动占比最大的情况。不少场馆表示，在建馆之初都力图实现面向各学段提供教育活动。但开馆后，就会逐渐根据选课对象的情况进行调整和迭代。久而久之，小学阶段的教育活动就积累了更多的可选项目。比如，中国航海博物馆在开设夏令营的尝试中，小学开设4场，场场爆满，供不应求；初中开设3场，基本满足需求；高中只开设1场，报名则寥寥无几。

除了受众的自然选择，教育活动的开发难易程度也是造成低年级活动多、高年级活动少的原因。居住在一个城市中，我们通常在小学阶段就已多次去过当地的科技类博物馆。如何在熟悉感中挖掘新颖的教育活动是一个难点。初高中的教育活动需要在保持博物馆体验性学习的基础上进一步与课程标准、课堂学习建立联系，这对博物馆教育工作者也是一个挑战。

政策文件也是一个导向因素。比如教育部所颁布的《义务教育小学科学课程标准》强调了学生需要通过体验和感知来培养科学思维和能力，但学校由于其设备、场地、人员等限制因素，难以创设复杂的科学情境，而场馆中的展品、展项更容易直观、具体地呈现科学知识。场馆教育工作者和学科教师可通过讲解、实验或游戏等方式，帮助学生凭借深刻的感官体验，认识科学现象、掌握科学知识。当然，小学生对于科学知识获取的接受度较高、活动组织形式多样化、课余时间相对充裕、课业压力尚不繁重等因素也成为促使场馆教育活动集中于小学阶段的重要原因。

我们对各场馆所提供的分学段教育活动占比数据进行汇总，对部分博物馆面向不同受众开展的教育活动进行统计分析，因面向成人和特殊群体的教育活动案例较少，在此不作为量化分析的对象。

本次调查的博物馆中，小学学段教育活动占比超过90%的有1家，超过80%的有5家，60%以上的有8家（见图1）。

分析可知，博物馆教育活动学生受众主要集中在小学阶段的学生群体，占比高达66%；初高中学段的学生次之，占比为21%；学龄前儿童占比最少，占比仅为13%（见图2）。

拓展

· 《关于推进中小学生研学旅游的意见》

- 《义务教育小学科学课程标准》
- 《中小学综合实践活动课程指导纲要》

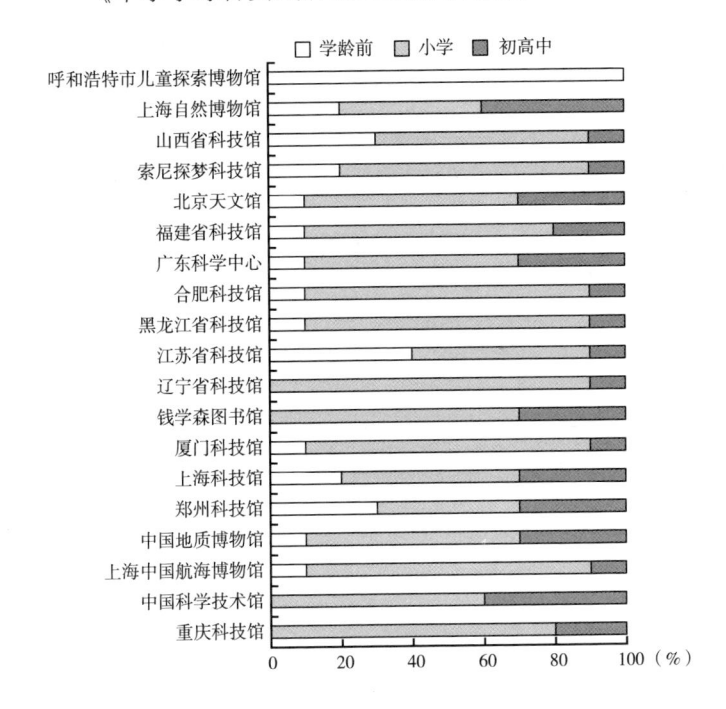

图1 受访博物馆学生受众教育活动分布

挑战：拓展初高中学段教育活动，丰富教育方式

学生群体是科技类博物馆教育活动的主要受众之一。在我们走访的博物馆中，教育部门的主管及工作人员都希望能为不

初高中 21%

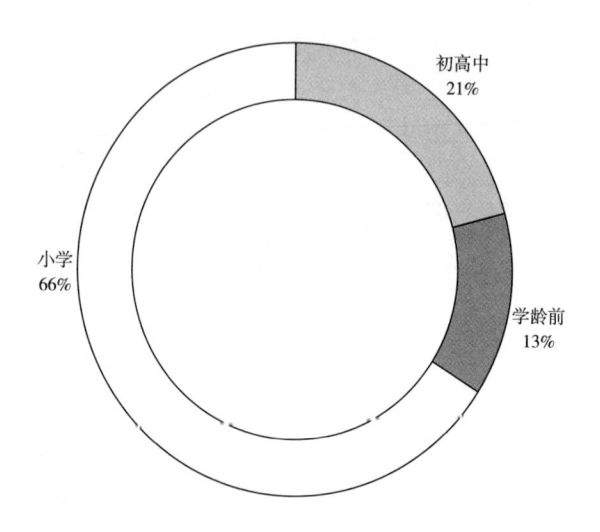

学龄前 13%

小学 66%

图 2　受访博物馆学生受众教育活动占比

同学段的学生群体提供高质量的教育活动。目前的情况是小学学段的教育活动占据主体，未来丰富幼儿亲子类教育活动也将成为趋势。然而，面向初高中学段的教育活动却相对不足，如何从供给端面向全学段学生提供高质量、有吸引力的活动对博物馆来说是一个挑战，设计具有探究性、研究性，与综合素质评价、职业发展等相关联的教育活动，也许是博物馆可尝试的发展途径。

发现1：推陈出新，与学生心理认知相匹配

博物馆在设计开发面向较高学段学生的教育活动时，会遇

到以下挑战。

首先，初高中学生通常已经多次访问本地区的博物馆，维持新鲜感对馆内教育活动提出了挑战。这需要教育人员对展品、展项进行二次开发，设计丰富多彩的教育活动，从而吸引高学段学生"重新走进"博物馆。

其次，教育活动的内容设计需要与学生的认知、心理发展匹配。教育活动需要在认知维度上有纵深设计。随着知识储备的增加，初高中学生需要更具挑战性的任务而不是简单的模仿和操作。同时，活动的形式还需要考虑到学生的阶段性心理特点。以初中生为例，访谈中有教育工作者提到初中生对活动形式的反应与小学生存在差异，对于一些需要参与、表演类的活动，高年级学生的参与度比小学生低。因此，博物馆教育工作者在设计和开展面向高学段学生的教育活动时，往往需要运用更为复杂的教学设计策略、丰富多元的教学工具、形式多样的教育方式。

发现2：与初高中学生的学业、实践需求衔接

随着教育活动学段覆盖面的拓展、教育活动方式的丰富，博物馆教育工作者还需考虑与学生学业或实践需求的衔接，以提高学生尤其是初高中学段学生到馆参与教育活动的积极性。虽然科技类博物馆中的展品非常适合对接初中和高中科学类学

科的教学内容，也有充足的馆内资源和场地空间，但如何实现有效衔接对馆方而言是一个挑战。

初高中学段的学生由于学业压力进一步增大、课余时间紧张，到馆主动参与教育活动的积极性下降。博物馆需要思考将教育活动"嵌入"初高中的课程学习中或者为初高中学生提供学习场景，引导学生到博物馆来完成学习。在活动主题的选择上，馆方需考虑、分析较高学段学生的课程标准、课程内容、社会实践要求、学习兴趣或社会热点等，寻找适合的切入点，满足学生的学业或实践需求。

可借鉴的解决方案

方案1：融入游戏机制，开发形式新颖的教育活动

结合较高学段学生的心理发展特征和认知特点，科学表演等形式的教育活动较难引起学生的兴趣。因此，馆方可尝试在馆内已有教育活动的基础之上进行二次开发，融入游戏机制，丰富活动形式，以吸引高学段学生到馆参观。譬如，上海自然博物馆采用了更能吸引高中生的"解谜""定点寻宝"等游戏机制，设计了"恐龙盛世失窃案""达尔文计划"等解谜破案、寻找线索类主题教育活动，有效提高了高学段学生到馆参与教育活动的积极性。

方案2：结合综合素质评价，强化学科关联、社会实践

教育部《关于加强和改进普通高中学生综合素质评价的意见》强调，全国各省（区、市）的高学段学生均需要加强综合素质评价，其中对于学业水平和社会实践的考查是博物馆可着手介入的一个契机。馆方可为学生提供社会实践的场地、所需科学资源或课题项目，在此基础之上研发相关教育活动，吸引较高学段学生主动参与，在实践和探究的过程中达到学习科学知识、培养科学思维和能力的教育目的。例如，安大略科学中心为高学段学生开设了涵盖不同学科的实践研讨会，以生物为例，高中生可以使用馆内的生物技术和设备，在此实践研讨会上获得自己的DNA指纹，该活动广受高中生欢迎。此外，"挑战者学习中心计划"通过空间模拟和角色扮演，引导学生完成主题式学习任务。更重要的是，学科教师会提前收到培训材料，全程引导学习活动，任务完成后回到教室进行反思回顾，巩固科学知识，有效结合课堂教学和科学挑战。在社会实践方面，美国旧金山探索馆推出了"高中讲解员计划"，参与该计划的高中生吸引普通游客参观展览，领导演示并主持许多博物馆活动，在进行社会实践的同时，学习博物馆内的科学知识，全方位锻炼团队协作、沟通交流等技能。

方案3：联合高校教育资源，注重研究能力与职业发展

博物馆受馆内资源、教育工作者学科背景等限制，在学科研究和职业发展方面存在局限，因此联合博物馆周边的高校教育资源，开发注重高中生科学研究能力和未来职业发展探索的教育活动也许是博物馆拓展高学段教育活动的突破口。以美国自然历史博物馆的"课后计划"为例，该计划主要面向纽约高中学段学生，系列课程包括天体物理、地球科学、遗传学、生物学等不同内容。课程分为探究性和研究性两类，探究性课程以一种有趣的方式深入了解特定主题的科学知识，结合博物馆展馆进行深入探索；研究性课程为高中学段学生提供在博物馆进行科学研究的机会，向高中生介绍博物馆科学研究背后的故事，帮助学生开拓某个领域的视野。对于更高学段，美国自然历史博物馆也开设了面向高等教育的教育活动，包括高等教育课程、教育奖学金、学位课程和教育实习等。美国的自由科学中心也为高中学段学生提供了与科学、医学、技术等不同领域导师结对进行课题研究的"科学伙伴合作"项目，旨在帮助高学段的学生在专业的实验室环境中，培养其探究科学知识、发现问题和解决问题的能力。此外，该项目还建立了网上顾问和终身联系机制，帮助高学段学生了解、关注并确定未来的职业发展方向。国内博物馆也逐渐在这方面进行尝试性的探

索，譬如中国科学技术馆提到对于高中学段学生的教育活动，馆方积极尝试与深度合作的学校共同开展学校选修课，单周在校、双周到馆。此外，馆方也尝试召集有意愿的高中生，参与科技馆的科学实验室项目，进行科学探究。

拓展

· 《科技馆活动进校园工作"十三五"工作方案》
· 《关于加强和改进普通高中学生综合素质评价的意见》

趋势1：丰富幼儿亲子教育活动

自2015年我国放开全面二孩政策以来，学龄前儿童的非正式教育需求快速增加。家长在教育上的投入和各类学龄前儿童教育机构持续增长，家长对高质量教育资源的需求也大幅提升。目前，二孩们已开始走进博物馆，成为受众。科技类博物馆面对逐渐增长的市场需求，积极研发丰富馆内幼儿亲子类教育活动已成为可预见的一大趋势。

调研发现，学龄前儿童（亲子家庭）越来越早地走进博物馆，但目前国内各馆针对学龄前儿童设计开发的教育活动数量尚少、形式不一。在受访的20家科技类博物馆中，有15家博物馆设计了10个以上的幼儿亲子教育活动，4家博物馆目前并未开发相关活动，但馆方普遍意识到亲子家庭的需求，有意识地开始研发或丰富已有亲子教育活动。正如广东科学中心工作人员在访谈中提到的，馆方已经意识到学龄前儿童的亲子教育活动需求旺盛，馆内教育部门正在考虑设计开发幼儿亲子教育活动。此类教育活动不仅需要考虑儿童的认知和心理发展特征、知识可接受度、动手操作能力，也需要思考什么样的教育策略和方法能够调动家长和孩子之间的互动，引导家长培养孩子的科学意识。

目前，博物馆面向幼儿亲子家庭开展的教育活动主要可以分为以下几种类型：第一类为主题讲解式教育活动，馆方教育工作者往往会以符合幼儿认知的语言对其感兴趣的展品进行生动有趣的科学知识讲解；第二类为科普剧等具有表演性质的教育活动，由家长陪同幼儿一起观看表演、参与问答等简单互动；第三类为工作坊等需要亲子家庭动手制作特色小作品的实践体验型教育活动。其中，主题讲解和科普剧是较为常见的亲子教育活动形式。而由于幼儿的认知、心理特征和动手能力未发展成熟，实践体验型亲子教育活动开发对馆方而言存在困难，但实践探究是体验科学现象、认识科学知识的最好途径，因此不少博物馆在这方面投入了大量时间和精力，尝试在馆内开设儿童科学乐园、儿童活动教室等。

此外，科技类博物馆正在探索设计具有多元性、参与性、趣味性和递进性的亲子家庭系列活动或课程，以连贯递进、交互影响的方式提升亲子家庭活动的有益性和长效性，并将教育效果辐射至家庭教育中。

中国航海博物馆推出了名为"家庭日活动"的幼儿亲子教育活动，由馆内工作人员带领亲子家庭进行主题讲解、航海桌游、特色手工制作、参观灯塔等系列活动，还会赠送科普类航海主题卡通书籍和航海大礼包，让孩子和家长一起体验愉快的博物馆之旅。

呼和浩特市儿童探索博物馆是专门针对幼儿亲子教育的主题博物馆，馆内设置了主题丰富、形式多样的特色展区。"亲亲宝贝"展区专为3岁以下幼儿家庭设计，创设不同情境，让幼儿通过角色扮演，体验在厨房做饭、到超市购物等生活经验；"活力城市"展区为亲子家庭提供了在建筑工地、奶茶馆等不同场所进行动手探究、合作互助的实践机会；"认识自己"展区让孩子通过触摸和感官认识自己，感知世界；"探索世界"展区则通过形式各异的游戏活动，让孩子通过玩耍、攀爬、解密等，探索科学现象，每月还会以节假日为主题推出限定教育活动。馆方为亲子家庭设计了《把100个探索游戏带回家》教育手册，其中包括具有启发性、创造性的探索游戏简介及其操作步骤等，家长在日常家庭教育中继续和孩子一起探索科学。

拓展

· 《关于进一步加强和改进未成年人思想道德建设的若干意见》

- 《全国家庭教育指导大纲》
- 《中国儿童发展纲要（2011—2020年）》
- 《3~6岁儿童学习与发展指南》

趋势2：面向特定人群设计教育活动

博物馆在硬件建设时有《无障碍设计规范》可供遵循，实现参观环境的无障碍。作为终身学习的场所，博物馆的教育服务是面向和普惠全体公众的。从国际博物馆行业的趋势看，教育活动的无障碍是今后追求的目标。面向特殊教育活动的设计目前虽然尚无相关指南或硬性规定，但各家博物馆也在积极探索。我们发现受访的20家科技类博物馆中，有16家曾接待过特定人群。各馆的教育管理者也都认为，博物馆应该为各类人群提供教育活动。

各家博物馆目前针对特定人群的定义并没有形成共识。根据访谈中所提及的，这里所涉及的特定人群包含以下三类：①行动障碍、智力障碍、学习障碍人士；②农民工子女、留守儿童等；③老年人。

发现1：面向行动障碍、智力障碍、学习障碍人士设计教育活动

中国现今已有超过8500万的行动障碍、智力障碍、学习

障碍人士，科技类博物馆正在积极尝试面向此类群体设计开发对应的教育活动，实现教育活动无障碍。对于常规的展区讲解，受访场馆表示会根据观众的身体情况和馆内的无障碍通道、设施来安排导览路线。对于有其他教育需求的，馆方通常会进行前期沟通，在馆内常规教育活动基础之上加以临时改动，主要为展品讲解、科普剧、科学讲座等形式的组合。部分博物馆依据不同类型的行动障碍、智力障碍、学习障碍人士特征，计划或尝试提供相关的设备器械如轮椅以及可触摸展项等特殊服务以辅助教育活动的顺利开展，譬如北京天文馆曾为视障人士设计了盲人触摸星球主题教育活动。各馆也尝试为孤独症患者等量身定做相对安静的参观路线，创造合适的环境；或主动前往特殊学校、社区等地开展展览教学等教育活动。

成都理工大学博物馆自主策划了面向盲童的教育活动，包括"送科普进校园"和"盲童走进博物馆"两个模块。"送科普进校园"模块中，科普老师会开设不同主题的讲座，向盲童讲解一些简单易懂的科学知识，引导孩子们触摸馆方带进校园的矿石标本等展品。"盲童走进博物馆"模块中，科普老师将带领盲童在博物馆内聆听讲解、与展品进行互动，同时会配合一些符合盲童身心特点的活动锻炼他们的动手能力和想象能力，激发对科学的热爱。

索尼探梦科技馆周三会闭馆接待孤独症儿童，通过 KOOV

拼搭编程机器人与孩子进行互动,每季度会开展八人连弹的音乐活动,帮助孤独症儿童尝试性地与他人交流。通过教育活动的持续开展,这些孤独症儿童会渐渐送一些亲手制作的绘画或小蛋糕给博物馆工作人员,馆方也筹划为孤独症患者创作一首特别的歌曲。

发现2:面向农民工子女、留守儿童等设计教育活动

农民工子女、留守儿童等特定群体由于受到一系列条件限制,很少会主动走进博物馆参观或参与教育活动。而科技类博物馆承担着科普教育职能,本着教育公平的宗旨,同时也希望为这些孩子带去更多的社会关怀,让他们有同样的机会去分享所在城市的非正式教育资源,激发科学兴趣,培养科学素养。鉴于此,部分博物馆主动寻求公益机构或社会各界的帮助,共同设计并协作开展了义务带领农民工子女、留守儿童等学生群体走进当地博物馆,参与馆内形式多样、主题丰富的教育活动。也有博物馆设计了"科普大篷车"等可移动教育活动,带着展品、展项走到此类学生群体身边,将有趣的科学现象、丰富的科学知识传播给更多的孩子。

安徽省科技馆联合安徽地质博物馆、安徽名人馆等科普展教资源,为安徽乡村留守儿童策划了一系列"蒲公英科学营"活动,带领留守儿童参观展馆、与展品互动、参与制作游戏

等，开阔眼界的同时培养了乡村留守儿童的探索精神和动手能力。

发现3：面向老年人设计教育活动

《中国人口老龄化发展趋势预测研究报告》的成果表明，到2020年我国老年人口将达到2.48亿，老龄化水平会达到17.17%。在倡导终身学习的社会中，老年人的科普教育工作也逐渐引起了科技类博物馆教育工作者的关注。老年人因相关科普教育活动信息获取的渠道有限，基本不会主动前往博物馆参与教育活动，因此馆内少有专门为老年人开设的教育活动。考虑到老年人的身体情况和交通问题，少数博物馆尝试与政府、社会组织合作，主动将馆内展品、展项、科普剧、科学讲座等教育资源送进社区、送进老年福利院。在教育活动主题选择方面，馆方需考虑老年人感兴趣的热点话题或选择其最需要了解的科学知识作为切入点，如健康话题、防诈骗话题等。

上海自然博物馆围绕营养健康的话题为老年人开辟了四条参观线路，围绕馆内资源向老年人系统地介绍日常生活中的健康类科学知识，并且馆方试探性地尝试与当地社区合作，组织老年人到馆进行主题参观，参与讲解、科普剧以及简单的动手探究等教育活动。

拓展

· 《全民科学素质行动计划纲要》

· 《国家中长期教育改革和发展规划纲要（2010—2020年）》

南京博物院专门为残障人士开设助残主题馆"博爱馆"，为残障人士提供手感触摸、语音解读、全自动导览车等个性化、无障碍的参观体验服务，且展厅内设有多个院藏重要文物复制品触摸展台，供视障人士触摸体验。

台北市立美术馆为听障人士特别是听障亲子家庭开设了"午后听赏""礼物展/工作坊""跟着保罗·克利的节奏：非听觉工作坊"等教育活动，邀请听障亲子家庭参与手工制作、体验绘画中的音乐性、感受艺术的魅力和亲子交流活动的意义。在活动开展过程中，会有手语老师现场同步即时翻译，保障听障亲子家庭无障碍参与活动。

新北市立十三行博物馆制定了针对特定人群的服务标准、作业流程及现场服务人员协助准则，同时举办了多场无障碍博物馆国际交流讲座，邀请博物馆专业人士以及障碍领域工作者分享经验。并且为馆内工作人员提供无障碍专业课程培训，培训主题包括"协助身心障碍者的服务技巧注意事项""口述影像导览技巧训练及实务练习"等，为令特定人群舒适、愉悦地参与活动做了充分的准备。

马里兰科学中心（Maryland Science Center）内几乎所有展品都是特定人群可参观或体验的。科学中心官网上明确列出了每个展品可适应的特定人群，同时馆内工作人员和志愿者可随时提供相关帮助和服务（见图3）。

展品	无障碍标识
Your Body: The Inside Story	♿ 🚶 OC
Cells: The Universe Inside Us	♿ OC
SciLab	♿ SA 🚶 LP 👂
Science on a Sphere	♿ 🚶
Autorun Programs	♿ 🚶
Live Programs	♿ SA 🚶 👂 OC
Space Link	♿ SA 🚶 👂 OC
Life Beyond Earth	♿ 🚶 ⠿ 👂
Science & Main	♿

Icon Key

- ♿ Wheelchair Accessible
- SA Staffed Area
- 🚶 Blind or Low Vision
- ⠿ Braille
- 👂 Deaf or Hard of Hearing
- OC Open Captioned
- 👂 Amplified Narration
- LP Large Print
- 📖 Script Available

图3　马里兰科学中心无障碍标识

资料来源：https://www.mdsci.org/explore/exhibits/。

大都会艺术博物馆（Metropolitan Museum of Art）将特定人群分为以下几类：①失明或部分视力受损的参观者；②有发展和学习障碍的参观者及自闭症患者；③痴呆症患者及其护理伙伴；④聋哑的参观者；⑤听力受损的参观者。馆方为不同类型的特定人群提供了相应的活动和服务，如为失明参观者设计"接触之旅"、为痴呆症患者举办"教室艺术计划"、为聋哑参观者提供手语解释和实时字幕程序、为听力受损参观者准备辅助收听设备等。

教育活动研发

——博物馆竞争力的保障

教育是博物馆当下的首要职能。教育职能需要通过博物馆所开展的展教活动来实现。因此,教育活动的研发是每个博物馆的核心竞争力。特别是科技类博物馆在形式和展陈内容上存在相似性的情况下,在教育活动中有所创新显得尤为关键。从观众的体验维度看,科技类博物馆的展品更新周期长,让博物馆保持"新鲜感"的重点也在于馆内教育活动的开发。

现状:多种教育活动开发方式并存

博物馆教育活动的设计开发是一项系统工程。从构思、设计到具体开发,再到有效实施和评估是一个整体过程,有赖于一系列内外部环境的支撑。在实际的教育开发中,各博物馆在实践中形成了不同的开发方式和操作路径。这些方式的形成与部门设置、人员情况和对教育活动的理解都有关系。

发现1：以自主开发为主，外部合作为辅

博物馆内教育活动的开发从整体上可分为三大类。第一类是由博物馆全权自主研发，此类开发方式占比最大，受访的20家博物馆中有13家是自主开发馆内教育活动的。第二类是博物馆和第三方联合开发，有4家博物馆表示馆内的教育活动是和第三方合作开发的。第三类是由第三方提供，此类开发方式占比较小。博物馆开发教育活动大体上可分为以上三类，但各馆之间多种教育活动开发方式并存。

发现2：多种开发模式并存

与学校开发课时和校本课程不同，博物馆开发教育活动的颗粒度有大有小，可以是一次15分钟的展区小讲解，也可以是为期2个月的主题活动。从受众看，博物馆的教育活动有的是面向大众的，有的是面向特定年龄群体的。在实施过程中，很多时候活动之间是有交叉的，这对教育活动的研发团队而言是个挑战。调研中，我们看到各个场馆在设计开发中采取了多种方式来应对。

（1）模块化开发

采用模块化开发的博物馆通常把教育活动按照一定的分类方式进行拆解，比如按照人群、年龄、教育活动类型等。拆解

后提取出共性要素，成为一个个教学模块。然后设计团队设计教学模块中的各个元素，比如 PPT 课件、讲解词、配套展示教具等。

模块化开发使活动既可以相对独立，又可以互相组合，为后续多样化实施奠定基础。有的博物馆还设有运营部门或者市场部门，这样在宣传活动或者面向不同群体时可以进行灵活的组合。比如有的博物馆面向企业提供团建活动，这时，运营部门就可以从模块中挑选进行组合。

中国航海博物馆把教育活动分为讲解、手工活动等类别，每个类别里按照模块来开发。讲解按照主题进一步拆分，并分为面向不同群体的模块。后续在开展活动时就可以在模块间进行搭配。比如在家庭日的活动中使用"讲解+手工活动"的模块组合，面向学校则采用"讲解+巡展"的模块组合。

（2）菜单式开发

菜单式开发以市场用户为中心，以受众群体为主要划分对象，形成教育活动的开发主线。菜单式开发可以方便不同群体挑选、检索。

在策划馆校活动时，厦门科技馆提供馆内设计好的教育活动项目手册，供学校挑选。教育活动项目手册有三种类别目录：①根据课标划分；②以年龄划分；③将生命科学、物理科学、运动科学作为一个类别。学校拿到手册之后，迅速检索想要的活动，如果学校提出更加具体的需求，科技馆根据现有资源进行一些调整，如果没有其他需求，则按照手册上的流程实施，整个过程高效便捷、省时省力。

（3）迭代式开发

迭代式开发也可称为迭代增量式设计或迭代进化式设计，博物馆在采用此种设计理念时，会将一个教育活动设计组织为一系列短小的、周期性的迭代活动。通过每次迭代，查漏补缺，得到反馈后进行改进。在一次次的迭代中，将博物馆资源及其教育理念更好地融进教育活动中，使教育活动更加完善，更加凸显其教育价值。

呼和浩特市儿童探索博物馆，其教育活动的设计由教育活动部门的老师们负责，确定教育活动开发主题之后，教育活动部门的老师首先组织教研活动，通过对主题和馆内资源的分析设计，形成第一代教案，随后进行测试，老师们会对方案设计提出建议，反馈修改，再次进行测试，经过几次迭代之后形成最终的教案，进入正式实施阶段。在整个迭代的过程中也会有中国儿童博物馆教育研究中心的专家对负责教育活动的老师们进行培训，呼和浩特市儿童探索博物馆教育活动部的老师们有儿童教育背景知识，中国儿童博物馆教育研究中心的专家作为顾问，两者配合开展工作，确保了教育活动的科学性。

困难：小型博物馆教育活动研发力量不足

博物馆日常开展教育活动和运维需要投入大量的人力。教育活动的研发是一项原创活动，这对于一些人手和专业化程度本就不足的中小型博物馆而言就更显得捉襟见肘。

调研发现，大部分博物馆表示馆内教育工作人员配备不充足。由于馆内日常工作任务繁重，即使有教育活动开发的意向，也因分身乏术而无法全身心投入相关的开发工作中。小型场馆教育人员更是身兼多职，大部分精力投入在教育活动的组织和实施上，可以用于研发的人力非常有限。而科技类博物馆展品展项核心内容大多类似，更需要在原有基础上进行二次开发，提取博物馆的特色理念及特色内容并加以融合。这就要求馆方教育人员拥有更高层次的活动和课程开发能力。

经调研，目前博物馆中理工科背景的工作人员不足30%，从而导致教育活动的开发自主性大打折扣。另外，活动或课程开发的规范及标准等属于教育学的研究范畴，因此拥有教育学背景人员的参与显得尤为重要。活动课程的开发需要教学专家的参与，而博物馆教育人员中仅有12.7%拥有教育学专业背景，显然有些势单力薄，在具体开发过程中常常力不从心。在我们调研的这些博物馆教育工作者中，从学科背景上看，理工科占比 27.6%，教育学占比 12.7%（见图 1）。

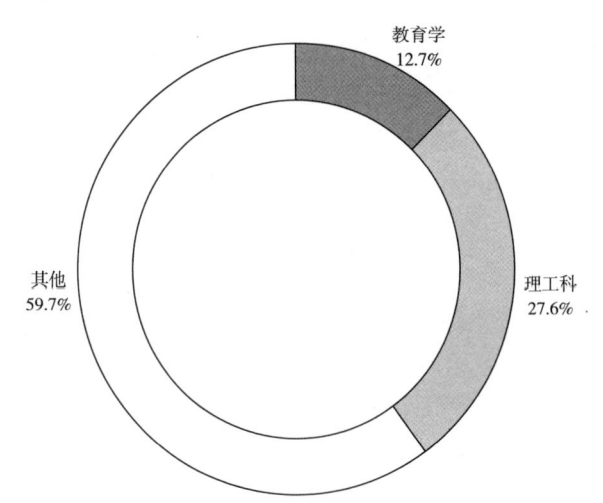

图 1 受访场馆教育工作者学科背景

可借鉴的解决方案

方案 1：增加馆际合作，进行外部采购

对于中小型场馆而言，要求其自主开发教育活动确实存在一定困难，但教育活动的配备是其生存发展的刚性需求，不可或缺。从受访场馆回溯的发展过程看，他馆的优秀活动是小型场馆可以借鉴的一大选择。开展馆际合作，采用学徒制模式学习活动开发方法。在教育活动开发的前期，采用外部采购的方式对本馆教育活动进行补充。例如，太仓市科学活动中心馆建面积不大，规模

较小，馆方为了寻求发展，努力克服自身劣势条件，积极争取与厦门科技馆深入合作并汲取他馆成功经验，打造本馆的"创梦工坊"深度看展品系列活动，以常设展厅的展品展项为依托，选取10件展品进行拓展实验演示教学，涵盖声、光、电、磁、力、生态、环保等十大主题模块，将教学、展示、实验等功能融合，从而培养和提高青少年的创新和实践能力。

方案2：联合中小学共同开发

小型馆在教育生态介入上与大型馆没有明显的差异，同样与中小学有密切联系。甚至，中小学群体在小型馆受众中的比例更高，周边中小学与场馆的互动更为密切。在这种情况下，小型馆可以定位于服务周边学校，把场馆作为学校拓展活动的重要基地，甚至是学校的第二个教学空间。特别是在创客、机器人等内容上，馆校可以进行深度合作，使学生的优质科学教育服务多了一份保障。

挑战1：教育活动如何体现馆间差异性

从近年的展评活动、馆校结合教育项目来看，科技类博物馆开展的教育活动越来越丰富多彩。但调研中发现，教育活动的设计开发依然是共性多于个性。特别是STEM、机器人类教学主题，成为各馆竞相开设的热门。如何体现自身的特色，开发与众不同的教育活动是科技类博物馆的一大挑战。

科技类博物馆因展陈主题的共性而产生相似性，基于展品的教育活动设计也容易产生同质化的现象。各馆都在谋求利用馆内或馆周边特色资源进行教育活动设计。

调研发现，馆方会根据教育热点开发教育活动。比如，当下流行的创客、STEM、机器人等主题，在走访的博物馆中频频被提及。这些活动内容目前在中小学、教育机构也是最火热的。那么博物馆在设计和开展此类教育活动中如何与学校社团、特色课程、教育机构等形成差异，就是需要思考的问题。同样，以社会热点为抓手也是很多场馆提及的教育活动开发策略，但热点对大家都是透明的，最后还是会表现为教育活动整体缺乏核心主轴，这样十分容易陷入教育活动相似的尴尬局面。

科技类博物馆的展品不像文史类博物馆的藏品文物那样具有唯一性。对于科技类场馆而言，各馆之间的展品类似很难避免。教育开发人员如何根据馆内展品，设计出具有特色的创新型教育活动，体现馆间差异性，是目前科技类博物馆面临的一个挑战。

可借鉴的解决方案

方案1：借助地域文化和地理位置，开发特色活动

百里不同风，千里不同俗。把教育活动与地域文化有机融合，作为博物馆教育活动开发主轴，不失为一种有益的尝试。

借助当地特色文化，开发主题教育活动，是谋求个性化发展的可行路径。例如，福建地处东南沿海，良港罗列，具有得天独厚的自然优势和悠久的"船文化"。因此，福建省科技馆结合本地特色文化资源，以船舶建造为主题开发了"我们来造船"教育项目，在2018年第三届科技场馆科学教育项目中荣获一等奖。"我们来造船"活动以造船任务为驱动，推动学生们进行自主探究式学习，培养了学生们的项目意识和工匠精神，实现了科学与文化的完美结合。除了船文化，福建寿山石雕艺术也具有很高的声誉，福建省科技馆再次依托这一本地特色，开展了"神奇的国石——寿石山"探秘活动。围绕寿石山进行了一系列探究体验活动，让孩子们对寿石山有了更深刻的认识，激发了孩子们对寿石山的保护意识，培养了孩子们的文化自豪感。

科技类博物馆在开发教育活动时，还可以巧妙利用当地地理位置，丰富教育活动。譬如，江苏省科技馆巧妙利用地理位置，利用秦淮河开发环保主题的教育活动。因为地处南京，当地人对于小龙虾这一美食甚是喜爱。但其实很多人存在一个根深蒂固的错误观念，误以为小龙虾吃废弃物长大，浑身充满病菌，食用不利于健康。为了消除人们对小龙虾的误解，江苏省科技馆以自然体验营的方式，带领学生们去探访小龙虾的生存环境，走进南京大学的科学实验室进行学习，通过一系列的活动，不仅带领学生们弄清楚了小龙虾的生存环境，消除了对小龙虾的偏见,而且在整个活动过程中培养了学生们的团队学习能力。

方案2:在挖掘展品内涵的基础上创新活动形式

结合社会热点,挖掘展品内涵,在形式上创新是不少场馆提及的开发策略。密室逃脱、模拟探案等方式被跨界运用于教育活动开发中。形式追随功能,同样也部分地创造功能。博物馆教育活动设计中,活动的形式设计也是吸引观众眼球的重要方式。例如,上海科技馆在2019年推出了一个全新的品牌活动——邂逅科学,遇见@你。此活动每月举行一次,选取一位当月出生的、科学史上杰出的科学家,举行"科学家主题月"活动。以"科学家及其成就"为主线,多方位展示科学家的人格魅力、科学精神、科研成就和科学理念。活动的参与对象是和科学家同一天生日,年龄在6岁以上的观众。活动当天,参与的观众不仅可以通过一系列活动,了解到和自己同一天生日的科学家的伟大成就,还能得到馆方准备的生日礼物和科学家寄语,在科技馆度过一个难忘的生日派对。

挑战2:对接课标开发适恰的教育活动

与中小学课标主动对接,可以为中小学有效利用场馆资源铺平道路，也有利于彰显博物馆在教育生态中的价值。从行业的展评活动要求看，与课标对接已成为评价教育活动的依据之一。譬如《第四届科普场馆科学教育项目展评活动方案》中将"与中小学科学课程的互补衔接"作为评审标准之一。科技类博物馆依托自身资源设计开发对接相关课标的教育活动，即可满足校方最为迫切的需求。但如何结合馆内资源、有选择地合理对接课标，是博物馆教育工作者设计教育活动面临的挑战之一。

发现1：寻找与课标的契合点

在访谈过程中，三分之二以上的博物馆都提到了"对接课标"这一教育活动设计理念，但实际落实方面各馆情况不一，受访博物馆认为寻找与课标的契合点，开发适恰的教育活动对馆方教育工作者而言是个不小的挑战，挑战主要来自以下两个方面。

一方面，博物馆教育工作者对中小学课标的了解还不够深入。调研中发现，博物馆教育工作者的专业背景多元，从占比来看，工学人数最多，其次为管理学和教育学，然后为理学和艺术学，且多数教育工作者鲜有在中小学任教的经历。走访的博物馆中，教育部门都表示正在积极学习中小学课程标准、本地区的中小学教材。但由于学科知识体系庞大，知识点小而多，合理选择契合点仍需要博物馆教育工作者花费大量的时间和精力。对此，一些馆的应对策略是将教材内容与馆内对应的资源结合起来设计开发教育活动。有些馆会直接寻求中小学教师、教研员的帮助，或者邀请高校专家开展讲座解读课程标准。

另一方面，我们就科普场馆科学教育项目展评活动方案进行访谈和实际调研，发现部分教育活动设计方案虽然与课标有所衔接，但在教育活动开展过程中，活动的具体实施和方案设计存在落差，教育活动并不能达成课标所期盼的教学效果。因此，馆方在寻求课标的契合点时，应当将教育活动具体实施时是否能有效引导学生完成自主探究、掌握科学知识、符合课标要求纳入考虑范围。

发现 2：发挥自身教育优势，区别于课堂教学

博物馆教育活动的开发设计虽然有对接课标的需求，但博物馆由于自身教育特征与学校课堂教学并不相同，因此对接课标并不意味着"复制"学校的教学方式，简单地将授课地点从学校转移到博物馆中。正如调研中重庆科技馆提到的理念：博物馆与学校教学应该做到"和而不同，求同存异"。

博物馆开展教育活动的教学目标和教学内容在对接课标的基础之上，更应侧重培养学生的科学"大概念"，激发学生对

于科学知识的学习兴趣、提高科学探究能力、培养科学素养，学会从自然现象中发现问题、探索问题、解决问题，而并非简单的知识点讲授。此外，博物馆对接课标开发教育活动，需要关注的不仅是依托馆内资源找到与课标要求和学校教材、教学内容相符的科学知识，而且要注意博物馆与学校教学在方式上的不同之处。"基于科学探究的实践"是博物馆开发教育活动的设计理念之一，[①] 博物馆拥有丰富的展品展项，教育活动主要依托馆内资源进行设计开发。博物馆往往会通过组织具有跨学科、趣味性、情境性、体验性、合作性特点的探究式活动，通过观察科学现象、学习科学原理、进行科学探究，来引导学生自然而然地掌握科学工程思维和跨学科思考能力。

可借鉴的解决方案

方案1：将教材内容与展品展项做映射，努力对接课标要求

在访谈中郑州科技馆提到馆内开发教育活动希望与中小学课程标准精准对接，为此，馆内科技辅导员每人拥有一份课程标准并仔细研读，以期对课标形成深入、正确的认知，从而有

---

① 薛松、肖芮、王梦倩、崔鸿：《指向"基于科学探究的实践"的馆校结合项目设计》，《自然科学博物馆研究》2019年第5期。

效地结合馆内展品展项等资源开发相关的教育活动。据馆方2019年上半年"馆校结合"教育活动简报，馆方对照课标对小学三年级的课程内容进行创新和细化，为9883名学生开展了总计591课时的科学课程。

方案2：依托馆内资源，采用多维教学方法，区别于课堂教学

博物馆教育与学校教育相比，其学习环境、教学载体等都不相同。博物馆是非正式教育场所，博物馆教育以馆内的资源为教学载体。博物馆在依据课标开发教育活动时，应避免"复制"学校课堂教学。因此，博物馆可以依托馆内资源，采用多维教学方法，开发出与学校课堂教学互补的差异化教育活动，实现区别于课堂教学。例如，山西省科学技术馆与高中物理课标衔接，馆内教育工作者以相对抽象、复杂的"伯努利原理"和"马格努斯效应"学科知识为切入点，设计开发"科学有曰之激情世界杯"主题教育活动。在课堂教学中教师往往通过视频演示等方法讲授知识点及其原理，相对枯燥。因此，馆方以科学表演的形式，紧扣2018年世界杯这一社会热点，创设情境，同时结合馆内高科技设备和科学资源，生动形象地为同学们揭示了香蕉球、落叶球背后的科学原理，激发学生的学习兴趣。此外，馆方也策划开展了"神秘的气流"科

学实验活动,利用课堂中难以提供的吹风机、电风扇、气球、灯泡、乒乓球等物品,供学生以独立或小组协作的形式动手实践、科学探究,亲身体验科学现象,培养科学思考能力,让书本上复杂高深的学科知识变得更加有趣、具体,贴近生活,寓教于乐。

趋势:新教育理念在博物馆教育活动中快速渗透

走访各家场馆,在与教育工作者交流中发现,虽然大家对适合博物馆的教育理论以及已经投入运用的教学理论,在理解和实际操作中存在认识上的差异,但新的教育理念、教学理论正快速为教育管理者和教育人员所吸收、采纳,并从形式到内容逐渐渗透和融合到教育活动中。

发现1:新理念被快速吸收到教育活动设计中

调研发现,博物馆教育活动的开发依据为馆内特色展品展项资源、与课标教材的对接、学校定制需求、观众反馈等。而当下博物馆采用的教育理念,如探究式学习、情境式学习、基于问题的学习、体验式学习、跨学科学习、多感官体验等,也是博物馆教育期刊、科普场馆科学教育中常出现的词。博物馆教育工作者对于此类教育理念有较高的认同感。他们通常会把在期刊、论坛中了解到的教育理念，快速运用在活动开发过程中。

操作层面，会出现教育工作者为活动来匹配相应理论，作为"帽子"盖在教育活动上的情况，例如 STEM 和 PBL 在教学设计中大量出现，但是深入度还不够。此外，还有教育工作者选定了教育活动所配套的理论，但在具体活动开展过程中所呈现的教学策略、教学过程并未体现原定的理论方法，也未达到预想的学习效果。

发现 2：教育理念的本土化与个性化

不同场馆考量的理论侧重点不同，有博物馆关注到空间与人的关系，有博物馆考虑到教育人员的偏好，有博物馆会将自己感兴趣/熟悉的理论要点等融入教育活动设计中，有博物馆会将社会热点安排进教育活动设计中。同样，其也会随着社会热点、学术导向、业界风向、博物馆发展方向等的变化而改变。

博物馆教育活动设计理念易受国外案例和国内优秀案例影响，引用展评的优秀案例、本馆的先前案例，融合新的教育理念，转化为新的教育活动。极少数博物馆能够将教育活动开发与本馆顶层设计理念挂钩，立足于博物馆的定位、文化底蕴。对于融入地区特色有一定难度的博物馆而言，将主题教育活动与周边资源进行结合,从而发展具有品牌特色的教育活动,是其在开发教育活动中的一大趋势。

上海中国航海博物馆创设自己的教育理论特色,在科学诠释者项目中提出了四阶段理论——"了解—学习—思考—诠释"四阶段培养体系。博物馆希望学生在这样的环境中,根据自己的理解、配套辅助的展示,形成属于科学诠释的课程,在一个循序渐进的过程中,学生产生兴趣,馆方再进行相应的指导。

上海交通大学钱学森图书馆的顶层设计具有钱学森"大成智慧"的教育理念,能够清晰指导教育活动。合肥科技馆依据大蜀山、森林公园等自然资源策划教育活动。江苏省科技馆结合秦淮河、江豚等,开展环保主题活动,以自然体验营的方式,带学生走进野外自然生存环境,走访高校科学实验室探究学习。

馆校教育供给

——建立和加深课堂与博物馆的联系

学校是科技类博物馆教育工作的重要着力点。两者的交互促生了馆校合作的教育形式,也逐渐衍生出研学的新形态。教育部大力提倡中小学合理利用校外资源,作为校内资源的有力补充。博物馆界也积极出台文件,筹办相关论坛会议,形成区域馆校联盟等。由此可见,博物馆有效开展馆校合作,已经成为其日常工作的一个重要构成要素。

现状1:馆校结合呈现多模式共生的局势

各博物馆的教育资源、所处城市教育供需等要素不同,馆校结合也呈现多模式共生的现状。调研中,我们重点关注馆与校两个生态体系间的相互关系。综合各馆的做法,这里总结为四种模式,分别为:"生产者(馆)—消费者(校)"模式、"主办方(校)—赞助商(馆)"模式、合作伙伴模式、第三方主导模式。其中,以"生产者(馆)—消费者(校)"模式开展馆校结合的情况居多，另三类模式因地域特色及上级支持程度不同而存在于各地。

发现1：馆方主导：生产者—消费者

该模式下，馆方扮演"生产者"的角色，校方扮演"消费者"的角色。主要的实施流程是馆方提供课程或教育活动供校方进行选择，校方不参与教育活动的设计开发等工作的筹备。整理访谈资料可知，由馆方主导的教育活动类型多样，且各具特色，较为典型的形式主要呈现为以下三类：课程类教育活动（送课到校）、教师培训、定制类教育活动。

北京天文馆依托市教委项目"社会大课堂"开展定制类教育活动，学校可来馆进行活动预约，馆方会提供相应活动的讲解服务、学习单及配套材料等资源。

发现2：校方主导：主办方—赞助商

随着时代变化而不断增长的教育需求让校方越发重视对校外资源的利用，开始有意识地寻求科技类博物馆等资源基地的合作和帮助。但由于安全、资金、理念等多方面因素的限制，由校方主导的馆校结合活动数量较少。在走访中了解到，国内也不乏在馆校结合中表现积极的学校和教师。此模式下的馆校结合，校方扮演"主办方"角色，馆方扮演"赞助商"角色。

活动的主要负责方学校牵头开展相关活动,其间与博物馆进行协商讨论,馆方提供相应的赞助服务。

北京天文馆表示,小学科学课程和高中地理课程中会涉及天文知识,而天文让学生感觉陌生又遥远,因此教师希望能够结合天文馆的资源进行授课。同时,学校希望打造特色课程,在天文领域进行校本课程的开发,极具亮点和特色,因此越来越多的学校来馆积极寻求帮助与协作。

发现3:合作伙伴模式

馆校合作指场馆与学校为实现共同的教育目的,互相配合而开展的一种教学活动。因此,在馆校合作中,馆校双方都应积极参与进来,发挥各自的主观能动性,从而才最有可能产出优质的馆校合作活动。合作伙伴关系又可细分为两类,一类是由馆方和校方自行沟通形成的合作关系,如北京天文馆;另一类是由教委牵头促成的合作关系,如上海科技馆。这种紧密的合作关系让馆内教育资源得到很好的利用,也帮助博物馆更好地实现其教育价值。在访谈中,虽然有一些成功的合作案例,但大部分场馆表示目前尚未与学校形成紧密和谐的馆校合作关系,基本停留在浅层次、不成体系的临时促成的供需关系上。

上海科技馆与上海市教委联合开展"馆校合作"项目,从2016年起开始实施,其子项目"博老师研习会"召集了一批上海一线学科教师，旨在进一步提高教师利用社会资源开展教学的能力，为学生的科学教育和素质教育助力。部分教师在接受培训后，有意识地带领学生来馆授课，这一批教师学习主动性高，上进意识强，对博物馆课程抱有热情，由此与馆方形成了紧密的合作伙伴关系。并且，在馆方开展相关活动需要其支持的时候，"博老师研习会"的学员们也会积极响应，来馆支援。更有一些兴趣浓厚的教师会继续参加"校本课程"子项目，依托馆内丰富的展品展项资源，采取以学校教师为主、馆方教育人员共同参与的课程开发模式，进行博物馆课程的开发。

发现 4：第三方主导模式

在实际的馆校合作中，除了馆校双方的参与，还可能存在第三方共同参与合作探讨的情况，如培训机构、科普团体、旅行社等社会团体。在与访谈者交流馆校合作的具体实施流程时，部分受访者表示，由于学校在开展馆校合作活动时存在时间、精力、对馆校结合的认识等方面的局限性，很大一部分学校会选择将此类活动全权交由第三方机构代为安排，由第三方作为馆方和校方之间沟通交流的纽带，协调商议学生的馆校合作活动方案，馆方和校方不直接进行沟通交流。因此，活动的实际实施质量取决于第三方的桥梁作用及其本身对教育理念的准确把握。

现状2：研学需求旺盛，形式多样

研学的概念于2013年在《国民旅游休闲纲要（2013—2020年）》中被首次提出。正式的相关文件于2016年正式颁布，名为《关于推进中小学生研学旅行的意见》，要求各地将研学旅行摆在更加重要的位置，并指出将研学旅行纳入中小学教育教学计划。研学旅行的趋热对科技类博物馆的教育供给产生了巨大的需求。

本次调研的20家科技类博物馆中，共有11家场馆被评为研学基地。其中，6家为2017年公布的第一批全国中小学生研学实践教育基地；3家为2018年公布的第二批全国中小学生研学基地；2家为地方性研学基地。虽然有9家场馆不在研学基地行列，但鉴于社会各界研学需求旺盛，绝大部分场馆表示会接收研学团队并参与研学项目及研学活动的策划。各馆在开展研学活动时会根据自身情况采用不同的运行模式。

发现1：区域联动

一般而言，研学都是点对点开展的，但在调研中我们发现有些场馆在一些限制条件下创新研学的开展方式。比如，在本馆接待量有限或者地理位置不利的情况下，联合他馆共同开展。科技类博物馆需要善于发现地方特色,因地制宜,争取将地域限制转化为地域特色,努力寻求适合自身发展的研学模式。利用场馆所处的地理位置,善于发现可用的周边资源,联合区域内的各类社会机构,转化为具有地域特色的研学活动。

上海中国航海博物馆,坐落于上海滴水湖片区,距离上海市区路途较远,前来参观的团队会花费比较高的时间成本。对此,航海馆挖掘周边丰富的航海海洋科技资源并合理利用,主动联合临港区域的场馆、高校、企业,如上海海洋大学、上海海事大学、海绵城市展示中心、上海彩虹鱼海洋科技股份有限公司、洋山深水港等一系列相关资源,形成区域联动模式,打造 2~3 天的研学旅行教育活动,为研学团队打造一整套学习服务。

发现2:团队定制

研学活动中,团队定制活动是较为常见的一种开展形式。类似于馆校结合中学校团队活动的操作模式,由学校和博物馆两个主体进行对接,带着更高的目标开展活动。在活动内容上,馆方提供具有研究意义的活动,校方进行选择,并提出学校自身的研学目标和需求,双方共商共议后定下具体的活动方案。

上海自然博物馆特别推出《自然博物馆研学之旅》的研

学手册。其中分为小学低年级、小学高年级、初中年级和高中年级四种类型。上海自然博物馆考虑到学生的认知发展水平具有阶段性和差异性,因此将同样的展区内容依照年级进行针对性设计,使同一展区按照知识难度循序渐进地呈现给不同年级的学生。学习者能够长期跟踪研究同一个展区,在不同的年龄段就同一知识领域的不同深度开展学习,由浅入深地对一个研学主题研究透彻、研究到位。

发现3:由第三方承接

由于学校在组织研学活动方面存在时间、精力等的局限性,因此会考虑选择交由第三方代为安排组织。第三方以旅行社、培训机构、科普团体等社会团体为主。调研中,博物馆教育工作者普遍反映第三方在馆内开展相关活动时研学内容与往常的到馆参观活动类似,走马观花居多,很少开展有深度的活动。这也成为很多场馆担忧的问题之一。

拓展

- 《国民旅游休闲纲要(2013—2020年)》
- 《关于推进中小学生研学旅行的意见》

挑战：对研学活动的理解和设计

全国研学旅行的开展尚处于起步阶段，学校、博物馆、机构等各方对研学的理解存在差异。因此，对于科技类博物馆来说，准确把握研学的核心，勇敢尝试，取长补短，不断改进，努力创新，建立适应社会发展需求的长效研学模式，设计出符合现代教育要求的研学活动，是各博物馆正在面临的一大挑战。

发现1：对研学理念形成正确的解读

对于场馆而言，首先需要讨论的是其对研学理念的解读。如何正确理解研学的目的和理念，是各场馆甚至整个博物馆行业正在面临的一个挑战。在走访的20家场馆中，大家对于研学概念的提出都表达了认可。但能明确阐述研学内涵、提出博物馆如何发挥特色开展研学活动的场馆并不多。从已经开发的研学活动看，大多是对已有教育活动进行的"拼盘"，还未形成一套方法论。面对全国"研学热"的态势，90%的场馆表现出积极响应社会需求的态度，也有个别场馆表示还未打算开展研学项目，最主要的理由是考虑到目前研学旅行尚处在探索阶段，内部对研学的理解也不甚相同，草率跟进不能达到理想的研学效果。

发现2：设计出形式内容兼具的高质量研学活动

各场馆目前正在思考的是如何让研学活动有别于到馆的班级团队游和馆内已经开展的教育活动，如何放大"研"的部分，呈现更高的活动质量。纵然对研学理念理解正确，落实到行动中也总会出现各式各样的问题。其实，日本的修学旅行有着浓郁的研学味道，而且形成了成熟的体系，具有丰富的实践经验。学生到文化机构参观，不仅加深了对相关课程知识的理解，也起到了陶冶情操的作用，这对于科技类博物馆具有一定的借鉴意义。科学教育是科普研学活动的主要内容，当然，教育人员在传递展品展项蕴藏的科学知识的同时，也可以将目光稍稍转向学生科学素养的培养，努力做到知情意行的统一，全方位打造形式内容兼具的高质量研学。

可借鉴的解决方案：进行受众分析，开发具有针对性的研学活动

研学实施过程中充满挑战，博物馆可以进行具体的受众分析，明确受众需求及存在的困难，吸收他馆甚至他国的成功经验，顺势而为，制定最具有本馆特色及最适合受众的研学方案。例如上海自然博物馆，由于学生团队来馆进行研学活动的时间有限，馆方注重研学活动中"研"的成效，但实际情况显示，短时间内大部分学生无法完成研学目标。因此，上海自然博物馆顺势而为，借鉴日本修学旅行的经验和理念，将研学的培养重心从达成研究成果转变为培养学生的科学素养和品质。注重体验是日本修学旅行的核心，而其对我国研学旅行的启示是注重体验性和教育性的平衡，不能只是一般的休闲旅游，但也不能成为另一种形式的学业负担。

上海交通大学钱学森图书馆在访谈中表示，研学理念的提出就是因为意识到以往的春秋游存在一定问题，研学应该提供给学生以开放性的研究主题，而不仅仅是简单地在博物馆内找答案。研学的目的是为学生打开一扇好奇心的窗户，带领孩子进入那个未知的领域，以启发其兴趣为主，然后学生能够因为内在驱动力而自发地进行额外的深入的学习。

教育活动评估
——持续提升教育品质的保障

对教育活动开展评估是必不可少的环节。评估带有多种目的，对教育活动进行评估的直接目的是反映博物馆教育职能达成情况。在开发过程中进行评估也是持续推进项目的手段。而通过评估，教育工作者得以了解在博物馆中学习是如何发生的、因何发生的，增加可用性知识。

各博物馆也意识到教育活动项目评估的重要性，并且开始采用一些手段对馆内的教育活动进行评估，但是目前很多博物馆的教育活动评估主要为馆方自主的满意度评估，还存在很大的发展空间。

现状：教育活动以馆方自主的满意度评估为主

根据本次调研的博物馆反馈，目前教育部门所采用的主要的评估形式是自主评估，评估方式以观众的满意度调查为主。在我们访谈的20家博物馆中，有19家场馆开展了教育评估。从所用的评估类型看，主要有"自主评估""第三方评估""自主评估+第三方评估"三种。

（1）自主评估

自主评估是科技类博物馆内部人员自主负责的评估方式，访谈的博物馆中有14家采用了这种形式。虽然自主评估都是馆内人员实施，但各个馆的教育活动设计、开发、实施各阶段的评估人群也存在差异，有些馆是展教部门负责所有阶段的评估，有的是展教部门和评估部门分别负责不同阶段，如上海自然博物馆由馆内评估部门设计严密的评估标准，教育活动的效果和内容评估由展教部门负责，观众满意度则由另外的部门负责。自主评估还重点体现在各馆的馆校活动中，例如郑州科技馆的馆校结合课程中，校方老师会到馆看学生的上课情况，给予反馈，课后还会使用问卷的形式对授课内容和馆方的授课老师进行评估。

（2）第三方评估

在访谈的场馆中只有2家科技类博物馆选择将评估交由第三方负责。这主要出现在部分企业性质的科技类博物馆中，如索尼探梦科技馆"神秘客人调查"的评估方式。索尼探梦科技馆的"神秘客人调查"评估一般一年进行两次，评估由总公司派人实地考查，不会事先告知馆方。第三方评估还出现在博物馆的某些特殊项目中，比如北京天文馆的"教师培训项目"，评估环节由国际天文领域的同行负责，馆内人员根据第三方提供的问卷收集数据，再由第三方执行总体的评估。这种评估方式有利于保持评估的公平性与科学性。

（3）自主评估＋第三方评估

调研的博物馆中有 3 家采用了自主评估与第三方评估相结合的方式。除了馆内人员评估，有些馆还会请高校专家、教研员、教育机构的专业人士对教育活动的可实施性、专业知识的合理性做整体的评估。如辽宁科技馆除了馆内评估外，还会邀请第三方做评估，如学科老师、大学老师、教育机构专业人士等，馆方给予他们方向性的指导文件，然后请他们决定细节，从而进行评估。

本次受访科技类博物馆采用的教育活动评估方式如图 1 所示，采访的 20 家科技类博物馆中，除了没有评估的 5% 之外，有 70% 的博物馆采用自主评估的方式，10% 的场馆采用第三方评估的方式，剩下 15% 的场馆选择自主评估＋第三方评估的方式。

困难：尚缺少有关学习效果的评估

虽然教育部门管理者和教育工作者普遍认可开展学习评估的重要性，但开展学习效果的评估主要存在三个方面的困难：对学习效果的理解、缺乏专业的评估方法和体系以及管理层态度和人力缺乏。

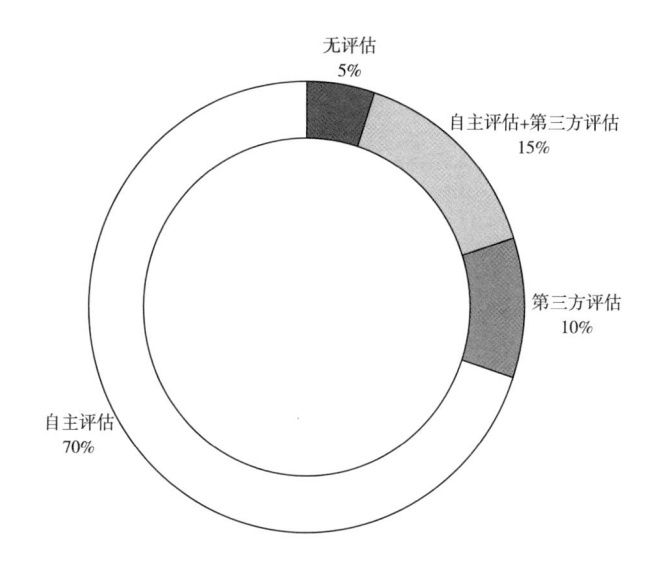

图1 受访场馆采用的教育评估方式

发现1：对教育活动学习效果的理解不一

访谈中，教育者对博物馆中教育项目的学习结果定义不一。这主要有两方面原因，一方面，由于博物馆场景的特殊性，有关博物馆学习效果的定义本身尚不统一。Falk将博物馆参观的学习效果分为四个维度：知识和技能、观念和意识、动机和兴趣、社会学习。[①] 美国NSF发布的非正式学习环境中的

[①] 约翰·福尔克、朱迪思·科克、吴蘅：《博物馆观众研究：过去、现状和未来》，《东南文化》2019年第1期。

科学学习报告将学习结果分为好奇心、知识、科学方法和工具、反思、身份认同等方面。另一方面，部分教育管理者会将观众满意度作为对教育项目的评估。但观众满意度的设计比较简单，难以为教育项目的改进提供详细的反馈。

发现2：缺乏专业的评估方法和体系

学习效果的准确评估与采用的方法密切相关。受访的20家博物馆中，有12家博物馆表示缺乏专业的评估方法和体系。馆方采用的调查问卷和访谈提纲大多数是运用网络和学校教育的评价指标加以修改的。评估的标准却是由自己主观拟定的，缺乏专业性。而采用第三方评估的场馆也表示，第三方在评估时对博物馆教育理解有差异，未能反映出博物馆学习效果的特点。除此之外，大多数场馆没有建立系统的评价体系，只对个别项目进行结果性评估。开展过程性评估和前置性评估的场馆很少。

发现3：管理层缺乏重视，实施评估的人手有限

我国博物馆的管理机制是自上而下的，无论是博物馆自身的建设，还是服务需求的扩展，都带有强烈的行政色彩。访谈发现，博物馆领导对评估的重视程度直接影响评估工作的开展。当观众满意度调查已经能够带来想要的评价结果时，开展

学习评估就显得必要性不足了。

受访者还表示，开展教育活动学习效果评估需要具备相关知识和方法的员工。教育部门在活动设计、开发、实施上投入了大量人力，评估环节在人力资源上就显得捉襟见肘。已开展观众行为和学习效果研究的场馆也是以尝试为主，现阶段无法顾及所有项目，真正实施起来比较困难。因此，要想将其纳入常态评估当中，还需要更多人员支持。

可借鉴的解决方案

方案1：将观众行为纳入评估范围，深层次推动教育活动改进

近年来也有越来越多的博物馆和领域专家将观众行为纳入研究范围，并通过实证分析证明了观众行为研究对促进教育活动的改进以及活动效果的评估都有着重要作用。例如内蒙古包头博物馆对观众参观痕迹进行研究，发现驻足行为与参观动机有着密切的联系，参观痕迹与观众对展品的观看时间和展览的展示手段有密切联系，与观众之间的互动行为有着较为密切的联系，为之后展览、教育活动的改进提供了思路。[①]

---

① 张岩、尹钰：《博物馆展柜的观众参观痕迹研究——以内蒙古包头博物馆"包头历史文物陈列"为例》，《包头职业技术学院学报》2018年第3期。

方案 2：充分利用技术手段辅助评估

新技术的使用也给我们提供了全新的方式去研究观众行为。如美国俄勒冈州立大学（Oregon State University）的赛博实验室（Cyber Lab），该实验室部署了一整套工具，开展实时预测和评估，定制基于地点的网络学习体验，让参观者得以在学习环境中构建知识，成为研究的积极参与者。这些工具的数字化性质使得数据的采集和分析工作不仅可以在博物馆进行，而且可以由研究人员远程操作。[1]

方案 3：建立专门的评估部门或研究中心，增加对评估的资源投入

博物馆需要加强对教育活动评估的重视，其中最明显的一点就是增加对其的资源投入。馆方可以通过建立专门的评估部门或研究中心，培养或吸纳钻研评估的人才，有助于建立专业统一的评估机制，促进科学评估的发展。例如美国旧金山探索馆内设有"研究和评估中心"，该部门通过研究和评估对活动不断进行优化，包括前置性评估、形成性评估、总结性评估；

---

[1] 约翰·福尔克、朱迪思·科克、吴蘅：《博物馆观众研究：过去、现状和未来》，《东南文化》2019 年第 1 期。

并且该部门不仅开展满意度评估,还从兴趣、兴奋感、自我效能感、社会交往、科学思维发展等方面研究观众学习行为,对馆内教育活动的设计具有很大的促进意义。

拓展

一些博物馆开始关注观众行为、对话的研究,表1为近年期刊上部分博物馆关于这方面的研究。

表1 近年部分博物馆发表的相关研究成果

博物馆名称	论文名称	评估关键词
上海自然博物馆	博物馆观众参观行为的初步研究——以上海自然博物馆"灭绝,并非世界末日?"展览为例; 关于观众在科普场馆中科学知识理解的研究——以上海自然博物馆"千足百喙"展项为例; 观众在自然博物馆的对话内容研究; 自然博物馆中观众对话与展览设计之关系研究	科技馆观众行为对话分析,科学知识理解
湖北省博物馆	湖北省博物馆观众行为调查报告	参观行为研究,跟踪调查,定点观察
浙江自然博物院	亲子在参观自然博物馆过程中的对话研究	亲子互动,话语分析
广东省博物馆	凝视或遗忘:广东省博物馆临时展览观众行为研究	观展行为,观展动线,测量和评估
内蒙古包头博物馆	博物馆展柜的观众参观痕迹研究——以内蒙古包头博物馆"包头历史文物陈列"为例	参观痕迹,参观心理,参观行为

趋势：开展多元化和规范化评价

博物馆教育活动的评估一直是备受关注的方面，美国国家科学基金会（NSF）资助了大量的科技类博物馆项目，并一直强调评估的重要性，因此 NSF 得到的展览效果评估报告被美国科技类博物馆展览评估视为参考范本。[①] 从走访中发现，目前国内科技类博物馆对评估也越加重视，尽管还处于起步阶段，但馆方尝试了多种方式开展评估，学习国外成熟的经验，向着更加成熟的评估体系发展。

发现1：加强评估工具开发，结合信息技术手段

当前科技类博物馆教育活动评估做得不够深入的原因之一在于评估工具的缺乏，包括评估量表、平台、技术等。除了借鉴国外较为成熟的评估量表，后续的评估量表开发应围绕场馆教育活动的特性展开，充分考虑与学校正式教育活动评估的区别。

除开发评估工具，适时引入信息技术辅助评估也是未来的

[①] 温超：《美国科技类博物馆展览效果评估分析——以 NSF 项目展览效果评估案例为例》，《科普研究》2014 年第 2 期。

一个趋势。室内定位、基于位置的服务（Location Based Service）等技术可以用于记录观众的参观路线、与展品的互动。这些信息技术手段配合评估工具，可以为教育管理者、教育实施者提供更为准确的反馈，同时也有助于减少开展精细化评估的工作量。

美国史密森教育和博物馆研究中心有实用的评估工具——信息采集和评估数据库（Education Data Gathering and Evaluation Database，EDGE），它可以输入预期的学习结果与活动后的效果进行对比，还可以提供包括参观人数、参观类型、教育项目类型、活动开展方式等在内的多方位信息。该数据库系统不仅可以向更多外界人士提供相关数据，获得教育支持，也对该研究中心各单位追踪研究相关数据、改进活动设计，具有借鉴意义。

发现2：评估贯穿整个流程

一个教育活动的完成从创意到落地会经历分析、设计、开发、实施等阶段。相应地，在不同阶段，评估活动也分为前置性评估、形成性评估和总结性评估三种类型。评估的各个阶段面临的评估内容和对象是不同的，比如前置性评估较关注教育活动目标、专业知识科学性等，形成性评估较关注过程中的反馈，总结性评估较关注活动结果、观众反馈等。

教育活动的评估需要将定性与定量的评估方法相结合，这样可以避免定性评估造成的主观臆断，或单独采用定量评估而导致的重量不重质的结果。针对不同的评估内容有不同的评估方法，质性数据的获取可以依靠访谈法、观察法、对话录音等，量化数据可以通过问卷法、跟踪计时法等获取。科技类场馆同时需要对评估方法进行多样性组合，使得评估更加立体化。结构化与非结构化的数据结合能帮助科技馆多维度地评判教育活动的成功与否。教育活动评估方法体系的形成需要一定的时间，也有一定的执行困难。科技馆要想做好教育活动的评估，除了加强评估方法技能的相关培训，还应寻找适合场馆自身的评估方法，保证科技类场馆对自身教育活动的开发、设计、实施有清晰的认知，带来更优质的教育活动。

厦门科技馆对展览和教育活动的评估兼顾前端、中端和后端。教育活动、培训课程的前期研发阶段，馆方会与学校合作，请学校的老师来评课，如内容是否超纲、内容会不会太深奥等，然后会进行磨课。中期针对课程和学生，开展问卷调查，并对馆内活动进行内部评估，博物馆内教育人员互评等。后期主要是观众和学生的反馈，例如展览上开展旅行社反馈、游客（本地和外地）的问卷调查，然后馆方根据意见进行总结，从而对活动进行迭代升级。

发现3：聚焦学习效果和学习行为

观众满意度调查还不足以为教育活动开发实施的改进提供有力的支撑。展品和科学知识由博物馆的策展决定，观众的兴趣需求、先前知识和学习风格等由观众决定，只有结合观众行为研究才能使教育活动开发更科学合理。国内也日益注重对观众行为的研究，如有学者基于广东省博物馆临时展览对观展行为、观展动线等进行观众行为研究；湖北省博物馆基于"曾侯乙墓展览"活动开展观众行为调查等。研究团队在走访中也发现有些科技馆开始由观众满意度调查转向观众行为研究，如上海自然博物馆、厦门科技馆等都开始进行观众行为调查。不少博物馆还从参观路线、亲子对话、科学知识理解等维度开展教育效果的研究。

上海自然博物馆工作人员基于"灭绝，并非世界末日？"展览，通过观察和访谈相结合的方式初步开展了观众行为研究，利用获得的观众行为数据提出了改进参观路线的整体规划设计、展项内容设计，注重与观众先前知识经验的联系等建议。同时，上海自然博物馆也曾对活动中观众对话与展览设计之关系进行了探究，并发表了相关论文。

教育资源输出

——扩大社会影响力和辐射面的新举措

科技类博物馆是优质的非正式学习环境。除了产出具有独特性的教育活动,还催生了各种科学教育资源。教育资源成果转化指博物馆依托自身馆藏资源,通过创意转化、科技提升等二次开发形成可传播的教育产品,如课程资源包、出版物、教育玩具、数字资源等多种成果类型。

现状:加大对教育文创的开发力度

博物馆的教育文创产品可以分为与展览有关的产品、与教育活动有关的产品、其他衍生教育产品。[①] 为了扩大博物馆的社会影响力和教育影响面,各类教育成果转化的多管齐下实属必要之举。受访的博物馆均表示将进一步推动教育资源的成果转化,使得馆内资源发挥更大的社会效益。

---

① 顾洁燕、朱峤:《内容为根,市场为源——自然科技类博物馆的教育文创发展之路》,《科学教育与博物馆》2018年第5期。

调研发现，目前各馆的教育成果转化形式主要有课程资源包、创意产品、出版物、教育玩具和套材、数字资源5种方式。①课程资源包通常包含教学指导、学习单等材料。学校可以使用资源包开设课程，或者请馆方教育人员到校上课。②创意产品在文史类博物馆中较为常见，不少科技类博物馆也在探索。但因为原创开发难度高，其数量还比较少。③出版物包括科普读物、绘本、立体书等。个别博物馆开始尝试针对亲子家庭的需求，出版以展品内容为蓝本的绘本和立体书等更富创意的出版物。④教育玩具和套材以往通常以外部引进为主，放置在博物馆商店售卖。目前一些博物馆也开始自主设计开发。⑤数字资源包括在线课程、教育游戏、科普视频等。

虽然博物馆进行原创开发挑战很大，但绝大部分场馆还是对教育成果转化充满期待和愿景。目前尚未投入实践的场馆，也都表示已把这项工作纳入计划之中。各馆正从各方面进行准备和预热，向行业优秀馆学习。例如，课程资源包的教学推广能够有效传播科技馆的教育理念，培养孩子们像科学家一样思考，激发他们对科学的兴趣。出版刊物的发行能够让更多无法亲临博物馆体验展品的孩子获得一个了解科学教育的机会。线下成果的覆盖面一定程度上存在其局限性，在互联网发达的时代，在线资源成为快速扩大影响力和受众面的一个可选项。在走访中，不少场馆表示会将其作为下一步的工作安排，将精品课程做成微课或慕课（MOOC）形式，让更多家长、孩子、教师更便捷地获得资源。

走访的20家场馆中，有四分之一的场馆表示还未进行任何形式的成果产出，四分之三的场馆正在尝试以多种形式进行教育成果转化，具体如图1所示。

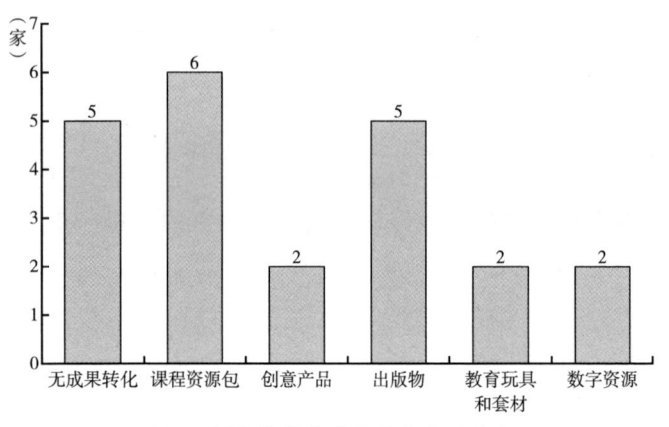

图1 博物馆教育成果转化类型分布

拓展

· 《国务院办公厅转发文化部等部门关于推动文化文物单位文化创意产品开发若干意见的通知》（国办发〔2016〕36号）

困难：IP开发难度大，缺乏转化的动力

欧美博物馆较早开始了IP（知识产权）的开发。大英博

物馆、大都会艺术博物馆、纽约新当代艺术博物馆等都成为博物馆爱好者心目中的知名 IP。国内博物馆近年也在文创上投入大量精力。故宫文创的走红是其中的典型代表。

科技类博物馆的展品相似度较高，较少形成天然 IP，需要投入更多精力挖掘，进行创新。而研发的前期投入大，高投入高回报的市场机制与博物馆的公益属性间存在"矛盾"。加之创意产品容易被复制，各类制约因素影响其成果转化。

调研中，不少受访者表示馆方对于资源转化有着强烈的意愿，但实施过程中却困难重重。首先，科技类博物馆的展品相似度较高，不像文史类博物馆中的文物展品自带专属 IP，因此在资源转化时需要投入更多的智力劳动，难度较大。其次，成果转化的版权问题是多家场馆现存的顾虑。开发人员花费了大量的精力时间进行研发，却非常容易被复制抄袭，这使馆方的智力劳动无法获得应有的保障，因此很多受访者表示专利意识值得引起重视。再次，博物馆的公益属性使得资源转化工作的投入与回报无法对等。最后，对应的人才、前期资金投入等也是制约因素。

可借鉴的解决方案

方案1：提高知识产权保护意识，争取形成具有本馆特色的成果体系

博物馆需要提高知识产权保护意识，对所形成的成果设法

通过出版或注册的方式进行著作权的保护。另外，场馆可更为全面地考量自身有待开发的教育资源，努力建设具有本馆特色的教育成果资源体系，逐渐提升自身认知度和社会影响力，塑造有本馆鲜明特色的成果品牌。如上海自然博物馆目前的教育成果转化包括课程资源包、出版物、在线科普游戏、展览等内容。自然趣玩屋课程资源专门针对6～12岁儿童开发，包括昆虫、鸟类、植物、科考、古生物主题，内含图书、材料包和活动手册。出版物包括《植物不简单》《恐龙不好玩》《自然趣玩屋系列丛书》等书籍；在线科普游戏方面，围绕植物、昆虫、鸟类、地质、古生物相关主题开发了20个在线互动游戏，还有更多的产品正在开发中；展览包括《如何复原一只恐龙》《神奇鸟营地》等。

方案2：将教育成果转化收益适当用于团队奖励，提高积极性

对于开发人员积极性不高、动力不足的问题，很大程度上其原因可归结于成果转化的收益与自身甚至自身所处部门不存在关联。根据2016年5月发布的《国务院办公厅转发文化部等部门关于推动文化文物单位文化创意产品开发若干意见的通知》（国办发〔2016〕36号），北京、广东、四川等地已经先后发布了地方激励办法，北京的政策提出中国电影博物馆、北

京自然博物馆等单位采取合作、授权、独立开发等方式开展文化创意产品开发工作，经职工代表大会同意，试点单位可从文化创意产品开发取得的净收入中提取70%及以上奖励开发工作人员。2019年12月，上海市文旅局、人社局、财政局联合发布了《关于上海市文化文物单位实施文化创意产品开发收入分配激励的指导意见（试行）》。这些文件为场馆开展教育成果转化提供了政策奖励和支持，奖励政策也能够起到激发教育人员从事教育成果转化积极性的作用。未来，或将有更多的场馆在教育成果转化方面投入更多的人力、物力，形成良性循环。

趋势：博物馆建立起教育品牌

虽然科技类博物馆难以"天然地"形成知名IP，但随着场馆在教育生态系统中价值的体现，教育品牌逐渐生成或深入人心。学校、家庭对科学教育的日益重视，也带来其对博物馆作为校外科学教育资源的认可。科技类博物馆正成为所在地区的文化名片。调研中发现，受访的博物馆教育部门都在建立特色教育活动体系上加大力度，深耕内容，教育品牌的形成将会水到渠成。

发现1：形成教育活动的品牌意识

教育管理者表示，教育部门的形成和教育工作的开展有一个从常态化工作中逐渐产生特色，进而形成品牌的过程。教育活动是博物馆的常规工作。日常讲解、公众讲座看似普通和重复，但对教育活动进行总结和提炼，特别是在形式上加以创新后，就有了成为品牌教育活动的可能性。

在走访的场馆中，大部分场馆的教育活动品牌都是在摸索和实践过程中逐渐形成的。比如，在科普场馆科学教育项目展评和全国科技馆辅导员大赛等活动中，各个场馆孵化培育的项目会层层涌现，经过打磨逐渐形成特色项目。

接受访谈的教育部门主管大多认为有必要打造品牌教育活动（项目）。个别规模较大的场馆还设有品牌活动组或类似的职能部门。

发现2：差异和特色造就博物馆教育品牌

国内科技类博物馆的主题内容、展品展项有比较大的共性。这种相似性也传导到教育活动的设计和开发中，容易产生雷同现象。因此，博物馆的品牌建设需要寻求差异化发展。差异化表现在来自课堂和博物馆的差异，也体现于来自博物馆与校外机构的差异。以 STEM 教育为例，现在学校、科技馆和校外机构都在开展相关活动。如何形成自己的特色，吸引家长把孩子送到馆里接受科学教育，对科技馆而言就是一个挑战。走访的各家博物馆都力图对场馆的展品资源独特性进行深挖，与学校、机构形成差异。

大馆虽然有体量上的优势，但并不自然形成大的教育IP。走访中发现，博物馆教育的品牌效应与其教育团队的形成、专业化程度、在当地教育生态中的嵌入程度密切相关。一些场馆的教育部门人员背景多样，有旅游管理、展览设计专业的，也有表演专业的，这为一些特定的教育项目（比如科普剧、科学表演）奠定了基础。而一些规模比较小的场馆虽然受限于自身资源、教育开发基础薄弱，但通过与当地学校的接洽，深度融合到中小学的科学教育中，形成品牌。比如，太仓科技馆在所在地区推出"探索与惊奇"项目，与学校结对。结对的小学将部分课程放到科技馆，持续整个学年。这样的举措一方面提高了博物馆在当地的教育参与程度；另一方面也解决了周二至周五馆内客流不足的问题。

发现3：联合打造教育品牌和平台

博物馆正通过一些教育平台和项目形成"整体的"品牌，如北京的社会大课堂、上海的馆校结合项目。除此之外，也有场馆通过项目形成"联合的"品牌，尤其在博物馆资源比较丰富的城市，博物馆间逐渐形成各种馆际协作的联盟，合力打造品牌。比如，根据《上海市博物馆品牌建设三年行动计划(2018－2020年)》，上海博物馆教育联盟建立上海市博物馆青少年教育项目库，每年打造10个博物馆教育精品项目，形成有特色、成系列、出品牌的博物馆教育精品项目库。

2016年9月，上海11家科普场馆组建科普场馆"自然联盟"。同年，上海博物馆、嘉定博物馆、闵行博物馆、上海中国航海博物馆以及上海市青少年学生校外活动联席会议办公室等9家单位成立上海博物馆教育联盟。

2018年5月，上海博物馆、南京博物院、浙江省博物馆、安徽博物院等29家国家级博物馆及相关文化单位成立长三角博物馆教育联盟，并召开首届长三角博物馆教育博览会。

拓展

·《上海市博物馆品牌建设三年行动计划（2018－2020年)》

技术篇

技术应用现状

——目前应用于博物馆教育的技术手段

从2010年开始,新媒体联盟《地平线报告(博物馆版)》聚焦博物馆中新兴技术的发展,教育技术走进博物馆及相关方的视野。对照历年的技术预测报告和国内的应用现状,社交媒体、创客空间等快速被国内的科技类博物馆接纳并产生本土化的应用。社交媒体逐渐成为教育传播的重要渠道,创客空间正在科技类博物馆中扎根。同时,教育技术在博物馆教育应用方面还有充足的发展空间。

现状1:社交媒体的普遍应用

新媒体在博物馆运营及博物馆教育中发挥越来越大的作用,博物馆对新媒体技术的运用不只是简单的信息传递,而是将馆内蕴藏的大量科学信息进行汇总整理和重构的过程。博物馆中的技术运用使得更多观众深入地了解科学内涵,以多渠道的方式进行学习。对于博物馆本身而言,也能够更好地实现向公众普及科学知识的职责。

发现1：社交媒体的广泛使用

博物馆在文化知识传播方面，积极采用时下的新媒体手段进行科普宣传，所采用的媒体平台与受众、使用热度和传播广度等有着较为紧密的联系。微信公众号、微博凭借其较为正式且受众广泛、操作简单等优势成为目前博物馆使用率最高的两个平台。运用短视频软件则使内容更加具有趣味性和互动性，通过利用碎片化时间高效传播以达到吸引更多年轻观众群体的目的。博物馆通过运用上述新媒体平台，实现了信息社会中博物馆的资源共享。目前博物馆主要运用的社交媒体包括以下几个。

（1）微信公众号

受访场馆的公众号一般提供展览最新动态、票务的预约预定和科普内容推送等内容和功能。本次调研的部分博物馆还推出了科普微视频等内容，向公众提供在线学习体验等服务。微信平台可呈现形式多样的内容，如图文、音视频、游戏和外部链接等，能够拓展观众访问博物馆资源的形式。基于微信庞大的用户群体，科技类博物馆通过微信推送功能可以接触到更为广泛的受众，同时微信也支持通过后台进行数据调查和信息反馈。

（2）微博

微博作为一个互动性较强的新媒体平台，一定程度上解决了微信平台用户交流单通道的问题。博物馆可利用微博联动其他博物馆和科学微博号共同传播科普内容,同时能够得到观众的实时反馈并与之进行交流,因此微博这一媒体平台也越来越受到科技类博物馆的重视。

从开通微博的受访场馆关注量看,有 12 家博物馆开通了官方微博账号。其中 8 家关注数量在 10 万以内,位居榜首的是中国科学技术馆,微博关注量高达 800 万(截至 2020 年 4 月数据),相关统计数据如图 1 所示。

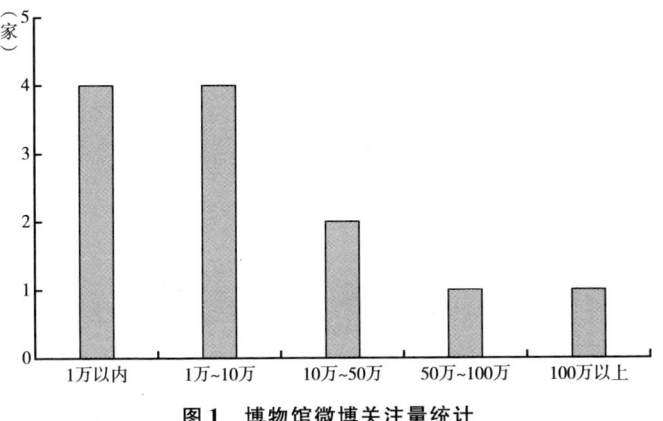

图 1 博物馆微博关注量统计

(3)视频平台

在运用较为广泛的新媒体中,部分博物馆尝试利用腾讯、优酷、哔哩哔哩(bilibili)等主流视频媒体平台进行博物馆资源的传播,相关内容包括科学实验系列活动或馆内教育活动宣传,如重庆科技博物馆在哔哩哔哩平台发布了 Ms. Q 系列课程。同时，科技类博物馆也积极开拓短视频媒体平台领域，譬如时下较为流行的抖音 App。在受访的 20 家科技类博物馆中已有 12 家开通了抖音官方账号，主要发布科学实验和个性化的讲解视频。短视频平台作为相对时兴的宣传途径，视频内容大多以博物馆策划的科学实验为主，通过情境故事或者模拟实验室的方式展开，短小精悍的内容便于用户分享传播，且短视频平台的受众普遍偏向年轻群体，因此该渠道也成为科技类博物馆传播中的一条"潮流"途径。

受访的 20 家科技类博物馆都开设了微信公众号作为主要传播平台，7 家科技类博物馆开发了微信小程序来辅助信息宣传。微博和视频平台的使用数量保持在 12 家左右，是各馆正在尝试开发的新渠道（见图 2）。

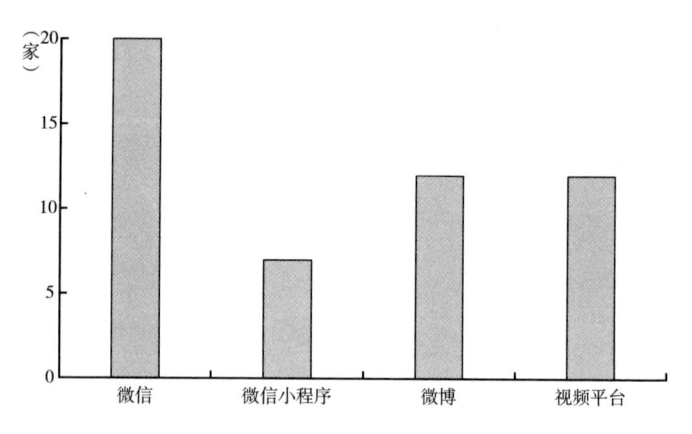

图 2 博物馆所使用的新媒体方式统计

发现 2：社交媒体的内容多样化

博物馆使用多种社交媒体平台进行宣传是为了多形式多渠道地传播科学内容。在这些媒体平台的支持下，博物馆的资源得以重组、展示、研究，帮助观众在参观之后能够进行持续深入的科普学习，实现信息资源整合。博物馆大多采用科普文章、科学实验视频、在线小游戏等形式丰富学习内容，供观众自由选择，从而增强学习者多模式多通道的学习体验。社交媒体中的内容主要包括两大类：展务信息和科学教育信息，具体内容分析如下。

（1）展务信息

①票务信息与馆内活动宣传。博物馆主要通过微信公众号提供在线购票服务，方便观众了解开放时间和门票、馆内项目的价格等。馆内活动宣传通常会对近期在博物馆中开展的科学活动如讲座、科学实验、志愿者招募等内容进行具体介绍。通过微信公众号和微博推送的方式让观众及时了解参与相关活动的要求和方法。博物馆合理利用社交媒体能够将馆内动态传播扩大化，以促进观众的到馆参观。

②参观服务。参观服务通常包括场馆地图、数字博物馆、展品介绍、定位系统、讲解服务等内容。博物馆通过媒体平台向观众提供较为详细的场馆信息，便于观众快速了解

场馆的历史、规模和展品种类等,提升观众的参观兴趣,同时观众可以通过数字地图和定位系统依据个人兴趣畅游博物馆。此外,馆内展品的介绍形式有限,多为文字形式。在数字媒体的支持下,博物馆使用二维码扫描的方式为观众提供更加丰富、多元的展品介绍内容,包括语音导览、音视频介绍和简单的互动游戏等。部分科技类博物馆还开发了配套App进一步丰富观众的参展学习方式,如中国科学技术馆开发的"中科馆智览"App,集展品智能识别、科普智能回答、AR互动等功能于一体,为观众打造了线上线下同步学的"AI+"智慧参观体验。

(2)科学教育信息

①科普推文。博物馆通过社交媒体平台向观众普及科学知识的推文类型主要分为两大类,第一类是根据社会热点和日常生活中可接触到的科学知识进行相关科普文章撰写,通过图文、音视频相结合,以相对简单直白的方式向观众进行科普宣传。第二类是科技类博物馆专门开设的系列科普推文,内容通常聚焦于有趣的科学现象或实验,并与馆内展品进行适当的重组结合从而形成具有特色的馆内科普推文。

②科学教育课程与活动。博物馆设计教育活动是对馆内资源的重新开发和有效利用,为了便于观众多途径地学习科学知识,博物馆开始推广线上科学教育课程与活动。教育课程内容

形式多样，不局限于固定的形式，包括科学文章、在线讲座、游戏课程、科学实验视频和比赛招募等。观众通过媒体平台即可随时随地学习，部分课程中涉及的科学实验在进行科普宣传的同时也鼓励观众在家自己动手操作，增强观众的执行力和探究力，凸显了媒体平台促学的优势。

通过对20家场馆所使用的社交媒体中涉及的主要内容构成进行梳理，可以看到微信、微博和视频平台中的主要内容包括票务信息、馆内活动宣传、参观服务、科普推文、科学教育课程与活动。在平台的使用方面，微信所包含的功能较为丰富全面，微博主要用于宣传类内容的推送，视频平台则集中于教育活动的呈现（见图3）。

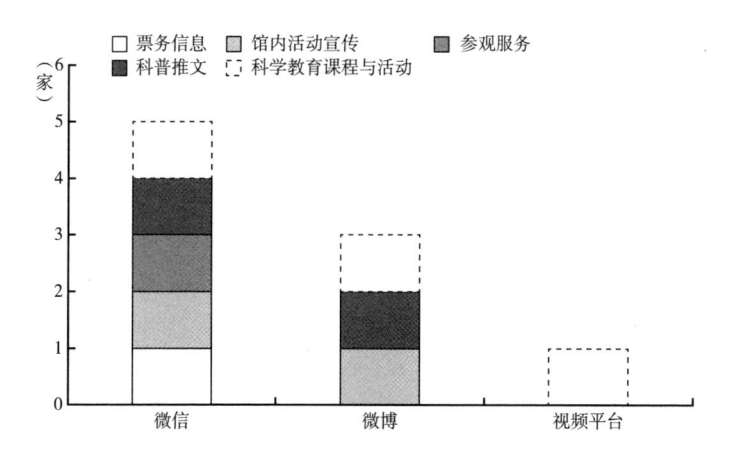

图3 新媒体传播方式中的构成要素统计

合肥科技馆利用微信小程序推出了游戏"这不科学啊"，玩家可以创造角色进行科学知识在线答题，游戏中设置了等级、排名、分数等元素加强了游戏的竞争感和可玩性，玩家也可以加入微信群进行科学知识交流。在疫情期间，游戏中特别设置了"新冠知识专题赛"栏目，游戏的趣味性吸引了更多人了解疫情科普知识。

上海自然博物馆的微信小程序"听有虫"设置了虫声采集识别功能，这种类似"听歌识曲"的功能帮助学习者快速认识了解身边的鸣虫，同时激发了观众的学习兴趣和热情。"听有虫"还能根据观众的即时定位，展示周边区域其他观众记录下的已经出现的鸣虫，同时也能形成自己的寻虫记录展示给其他学习伙伴。

索尼探梦科技馆拍摄了系列学习课程"探梦实验室"，影片采用4K全画幅数字摄影机拍摄，经过专业的编排和剪辑，已陆续在优酷、爱奇艺、腾讯等平台上传，并同步在微博进行宣传。"探梦实验室"围绕科学实验展开，演员均由馆内科技辅导员担任。课程内容涵盖了索尼探梦科技馆内各类经典科学实验，如空气炮、水火箭、静电水母、漂浮的保龄球等，每一集都通过故事化的形式讲解一个科学主题。"探梦实验室"充分利用了馆内科普资源，以数字资源的方式为青少年的科学学习带来乐趣，激发其思考和创造力。

现状2：创客空间积极发挥科技类博物馆教育功能

"创客空间"本质上是人们自主构建体验的学习环境，而非集体授课的场所，是人们找到"做中学"乐趣的地方，它是一个典型的非正式学习环境。[①] 调研中发现，当前众多科技馆重视创客活动的开展，为学习者提供由点及面的创客系列活动。调研的20家场馆中有14家博物馆表示已设置创客或类似功能的空间。

与传统科技类博物馆的展品参观不同，创客空间实现了推动馆内群众由接受者向使用者、创造者的转变，同时以创新为本位，倡导"在做中学""在创中学"的理念。综合调研结果，科技类博物馆目前的创客空间建设有以下特点。

（1）提供"动手做"的物理空间

科技类博物馆是补充和拓展学校教育的"第二课堂"，创客空间给不同知识背景的学习者提供了宽松的物理空间，使学习者可在空间内灵活造物。创客空间往往具有一定的空间和布局，像工作坊一样提供各类材料，包括木工工具、塑

---

① 张进宝：《浅议科技博物馆中的创客活动》，《自然科学博物馆研究》2017年第1期。

料、金属等，满足创客的创作需求。除了硬技术，有的创客空间也具备软技术，如开源硬件的开发平台等。提供"动手做"的物理空间，给予材料和技术支持是科技馆创客空间最基本和常见的功能。

(2) 由点及面的创客系列活动

除了物理空间支持外，科技类博物馆针对学习者推出了由点及面的创客系列活动。创客教育活动的受众群体多以青少年为主，针对青少年的创客活动有以下两种呈现形式。一是时长较短，周期一般为单次开展的常规创客活动，这种形式的创客活动受众零散，可由展厅随时招募，创客活动内容以木工小制作、3D打印为主。二是形成系统的创客系列活动，一般提前招募目标受众，活动周期较长，学习者通过系统的学习能够掌握相关技能或技巧，譬如编程技能等。由点及面的创客系列活动为不同需求的受众提供了成为"创客"的可能性。

(3) 融合STEM理念的创客活动

从国外同类场馆创客空间的实践看，跨学科、创客式的学习通过特定的博物馆主题活动进行融合。[①] STEM教育的核心

---

① 鲍贤清：《科技博物馆中的创客式学习》，《自然科学博物馆研究》2016年第4期。

特征是跨学科性，科技馆情境下的创客活动是一种基于多学科交叉融合的实践活动。创客活动与 STEM 教育理念处于融合的阶段，一方面创客项目式活动的开展离不开跨学科知识背景；另一方面在项目进行过程中又无形促进学习者将跨学科的知识和内容应用于实践。

郑州科技馆开展寒暑假系列活动课程，将陶艺、激光加工、开源硬件等相互组合，每个部分又分成初级和高级课程，实行人数在 6~10 人的小班制，以创新教育展区为创客空间进行创客的培养与实践。除了寒暑假的创客训练营，科技馆日常也会结合节日等热点开展主题式的创客活动，如端午节龙舟的木工搭建活动，通过将物理元器件与其他材料结合，使创客活动更加低门槛、易尝试。

重庆科技馆与清华大学实验室合作的"卡魅创客实验室"以课程为载体，在创客活动的大背景下融合 STEAM 教育理念，这是设计间、实验室，也是加工坊。青少年通过设计—搭建—调试等步骤将各学科知识整合并应用于创客项目中，在动手实践的过程中激发其创造能力。

黑龙江科技馆的"少年创客启蒙营"项目开拓了科技馆创客活动的新思路，该项目应用"线上和线下"协同互动的融合模式。青少年先从线上了解相关活动的创新思路和方法，再从线下进行 STEM 创客实战训练。例如在机器人编程培训项目中,青少年线下进行创客实践活动,同时在线上进行作品展示分享和再学习,该项目实现了创造—分享—再创造—再分享的创客模式。①

拓展

· 匹兹堡儿童博物馆"创客空间"网络:将创客空间学习方式辐射到更多的学校

· 美国旧金山探索馆的探客工作室(Tinkering Studio)

美国纽瓦克博物馆设立了 Maker Space 互动区域,参观者可以通过自己的想象,使用激光切割机、3D 打印机、印刷设备等工具,将画廊的艺术品和自然科学的材料进行组合,改变艺术品的材料或者使用自己的新方法,在 Maker Space 进行创作实验,从而形成独特的作品。该区域是 STEAM 理念与创客碰撞而产生的火花。

美国弗吉尼亚科学博物馆为青少年提供了创客空间,青少年可以在任意时间使用创客空间内的材料和设备,譬如 3D 打印机、缝纫机、焊接机等,青少年能够在没有成绩、失败等因素影响的状态下自由探索新事物,按照自己的节奏大胆尝试使用材料和工具,制作作品,实现自己的创意。

---

① 王翠:《科技馆在"互联网+"时代的创新教育探索——以"少年创客启蒙营"STEM 项目为案例》,《自然科学博物馆研究》2017 年第 S2 期。

现状3：博物馆教育活动中的技术应用还比较有限

课题组在本次调研走访中关注技术手段在科技类博物馆教育中的实际应用情况，了解教育管理者对技术应用的看法以及教育工作者的教育技术应用情况。结合调研所得数据和实际教案中涉及的技术运用情况，课题组发现目前场馆正在使用的技术相对集中，而相关技术在教育活动中的应用却较为有限，教育活动与技术的结合不够深入，技术对教育的促进作用没有被充分挖掘。

发现1：技术集中用于展品展示，缺乏结合教育活动的应用

目前科技类博物馆中运用于展品展示的技术非常丰富。除了传统的多媒体形式，虚拟现实、增强现实、体感、全息投影等技术也均有应用。但相比展陈技术的丰富多彩，馆内教育活动与技术的结合还非常有限。

通过对调研数据中博物馆展厅已拥有的技术种类进行排序可见，排序靠前的技术分别是社交媒体，创客空间，游戏与游戏化，展品、藏品数字化，虚拟现实技术和增强现实技术（见图4）。不难发现，博物馆使用率较高的技术大部分为展陈

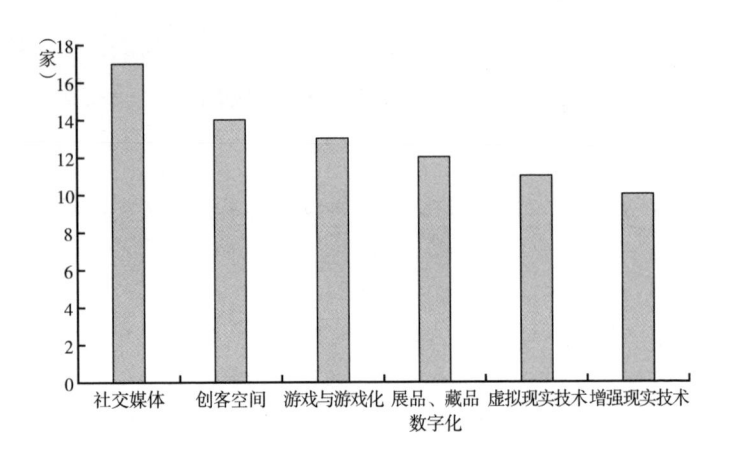

图4 受访博物馆采用的技术手段

服务领域。聚焦到技术在教育活动中的应用时，受访者表示在实际教育活动开展过程中，所运用的技术集中于基础投影技术，通常用于播放课件，通过结合PPT和音视频的播放，在活动的导入环节达到营造气氛、设定故事情境等目的，这与展厅中的技术丰富程度形成明显差异。技术的迅速发展，并没有切实影响和融入教育活动中。课题组通过对近两年的科技类博物馆教育活动、展评活动的相关实际案例进行内容分析，同样发现在科技类博物馆中教育技术手段在教育活动中的应用形式还比较单一，以课件播放的投影为主。

事实上，可用于博物馆开展教育活动的技术手段非常多样，譬如，有许多可以用于测量磁场、声音频率响度、震动程度的手机 App，馆方教育工作者均可以结合馆内资源，选择适合的科学知识、配合展品应用于科学教育的教学使用。

技术应发挥促进作用，如全息投影等 3D 投影技术能够创设真实的情境，使参观者深度融入活动中。虚拟现实、增强现实等技术可打破参观者与展品之间的壁垒，使参观者在了解展品的同时与其进行互动，调动多感官协同参与教育活动，激发其学习热情。触控类屏幕等技术能以图文并茂的方式扩充陈列展品所呈现的信息。在该方面，艺术类博物馆对技术的应用值得借鉴。

杭州南宋官窑博物馆推出了青少年 AR 陶瓷研学游线路，将 AR 技术与现场制瓷工艺相结合，重现古代制瓷现场。馆方将该技术应用于青少年的研学，加入了趣味性的答题获取勋章环节和与故事中人物进行交互的情节。该做法使静置的陈列展品变得生动，且参观者可与其交互，增加了趣味性，技术在教育活动中真正发挥了促进作用。

法国卢浮宫美术馆与游戏厂商任天堂合作，为来到卢浮宫参观的游客提供内置导览软件的 3DS 游戏机，不仅提供了不同需求的个性化游览路线，同时游戏机内置的交互地图也可用作实时导览，其 3D 效果能够全方位展示馆内艺术品。

克利夫兰艺术博物馆的混合现实互动画廊利用混合现实以及能够识别参观者情绪、动作的软件等技术，将参观者与丰富的艺术品联结，画廊中的互动屏幕可以通过展示参观者的动作搜索找到类似的展品，并随之提供相关的互动游戏和活动，其文字信息均以问答形式呈现，使参观者对相关展品有更深入的思考。

发现2：教育管理者对技术所持态度不一

当问及对新兴技术的应用前景时，博物馆教育管理者对技术所持态度不一。通过归纳发现其态度主要呈现以下三种类型。

①怀疑者：认为博物馆技术应侧重于发挥实物展品的价值，信息技术主要起到的是锦上添花的作用。而多数信息技术看似先进，但在展厅教育中能发挥的相关功能并不明显，实际效果有待验证。

②旁观者：认为技术处于辅助地位。如有合适、成熟的技术会考虑使用，但不会急于引入最新的技术。

③支持者：对新兴技术持欢迎拥抱态度，会积极引入。管理者表示，科技类博物馆本身就应该成为利用技术将相关展品、知识展示给公众的场所，技术能够对科学教育起到促进作用。而技术与教育活动有效结合的关键在于教育工作人员的引导和活动开发过程中对技术的利用程度。

立足于技术在教育领域的相关研究和实践，教育领导者、教师对技术所持的观点会直接影响教学相关技术的应用推广和实施效果。同样，博物馆教育管理者和工作人员对技术的看法和态度也会影响技术在教育活动中的使用。与此同时，目前教育技术在博物馆中的应用还处于探索阶段，我们应当正视技术的作用，不夸大、不贬低，致力于将技术和教育恰当结合。

在技术应用广泛的大背景下，我们也应注意一些技术使用过程中的局限性，譬如3D投影技术虽然能够创设真实的情境，但此技术适用人群的年龄范围也应该引起足够重视，博物馆尤其如此。美国一家研究机构经调查后称25%的儿童在观看3D影像后有不舒服的感受。无独有偶，意大利最高卫生保健委员会在2010年规定，禁止6岁以下儿童使用3D眼镜观看立体电影。游戏厂商任天堂也曾发布声明，建议6岁以下儿童不要玩裸眼3D游戏。

技术应用趋势

——近年可能进入应用阶段的技术手段

一项新技术从出现到被采纳通常会经历萌发、快速引起关注、低谷、成熟的过程。比如，在教育领域，通常会出现这样的现象：一项技术出现后，往往被大家看好并赋予厚望，认为其会让教育产生革命性的变革，之后发现技术的应用并没有达到期望的效果，从而热度减退，但一些技术在经过一段时间的磨合后更加成熟，逐渐被大家采纳，而另一些则消退。

美国新媒体联盟的《地平线报告（博物馆版）》虽然预测了短期、中期和远期会被采纳的多项技术，但从国内博物馆的实际情况看，技术进入科技类博物馆的速度并不快。特别是在教育中的应用，技术和教育融合的实践案例还比较少。

本次调研中，我们也邀请博物馆教育部门的管理者基于各馆的现状对近期有应用前景的教育技术进行预测。

趋势1：在线教育资源将得到快速发展

长期以来，博物馆都采用陈列的方式对展品进行保存和展示，其优势是吸引观众走入馆内感受文化氛围和面对真实展品的学习体验。对于有地域、时间限制的观众而言，想要多次、多形式地了解博物馆曾是馆方所面对的一大问题。数字时代使得信息的传播途径有了质的飞跃，数字博物馆和博物馆在线教育内容的出现，打破了时空和地域的限制，在一定程度上有效缓解了博物馆分布不均、资源稀缺的问题。开发数字资源和利用自身优势开发线上课程，将成为科技类博物馆开展科普工作的一个重点方向。

博物馆积极推进科普教育的过程中，为巩固提升场馆的资源优势，科技类博物馆主要提供的在线资源包括科普推文、科学实验活动和虚拟场馆参观。个别科技类博物馆也开始尝试开发系统的线上课程。目前，科普推文和科学实验活动的形式都较为成熟，科技类博物馆基本能形成具有自身特色的科普系列内容并进行推送。随着社会民众对于场馆教育的普遍关注，数字场馆建设和线上课程开发将逐渐成为接下来博物馆发展的技术趋势。

数字博物馆通过多媒体技术和交互技术在虚拟空间中构造出虚拟展品和场馆，用户可通过电脑或移动设备进行访问。多数博物馆都开发了虚拟数字展品，通过 VR 的方式支持观众在线观看展品，但是在数字博物馆的整体规划上仍旧需要与技术深入融合。探索数字博物馆与实地参观并不相同，如何带来更好的参观体验，利用数字技术支持观众的互动行为，以及更好地与科普教育结合是近期极富潜力的探索方向。数字博物馆在环境营造、资源整合方式上如何发挥面对不同人群时的教育功能，也是其所面临的一大课题。

在线课程实际上也是数字博物馆的一项内容，博物馆需要整合馆内数字资源库，搭建一个较为完善的学习平台，根据课程内容或受众进行划分从而开发出系列课程供观众随时随地进行学习。同时，在线课程也需要符合教育规律和课程体系建设，开发出系统的在线学习模式，使得博物馆功效最大化。在此基础上结合馆内活动实现学习社区的形成，从而将博物馆教育资源最优化。2020年新冠肺炎疫情的暴发更是凸显出数字博物馆和在线课程资源的重要性，间接加速了科技类博物馆的"数字化"进程，因此博物馆在线课程的开发也将是接下来的主要技术趋势。

疫情期间，重庆科技馆推出"1+3+1"重庆云游科技馆的活动。启动网上应急科普机制，通过数字媒体的传播方式提供"1站3厅1行动"的线上科技馆服务，主要包括防疫科普、互动挑战厅、VR漫游厅和科普影像厅。防疫科普板块主要对疫情期间的科学相关内容进行了整理。互动挑战厅则通过开展种类丰富的活动、比赛来促进全民的科学学习，如科学实验挑战赛在线评比科学DIY实验，激发了科学迷们利用日常生活的材料足不出户学科学的积极性。VR 漫游厅和科普影像厅提供了生物、天文、工程、数学等多题材的 VR 学习内容，同时观众可以在网上通过 720 度全景图在线"云漫游"重庆科技馆，了解展品和展品背后的故事。

上海自然博物馆开发了"自然探索在线"板块，提供涵盖多个自然科学主题的在线微课程，以游戏与课程结合的方式展开。学习内容既包括人机交互也有学习者之间的交流。线上课程学习不仅促进了观众的科学学习积极性，也为博物馆资源的二次创造提供了平台。

国外博物馆较早开始探索在线课程建设，从面向群体、学科内容方面进行了详细的分类，满足了不同观众的学习需求。例如旧金山探索馆、美国大都会博物馆在 Coursera 等平台上开设了面向教师和社会公众的在线课程，这些课程和馆内展品、馆内研究内容紧密结合，为中小学教师提供了非常专业的学习资源。

大英博物馆与谷歌艺术和文化实验室合作，搭建网站"世界博物馆"[①] 对馆内丰富的藏品资源进行数字化设计。藏品分为五个类别：艺术与设计、生死存亡、权力与身份、宗教信仰和贸易冲突。观众操作网站中的悬浮面板可随着时间线推

---

① https://britishmuseum.withgoogle.com/.

进，查看文物藏品在五大洲中出现的具体信息，也可以选择自己感兴趣的主题藏品进行自由查看。这一项目实现了博物馆藏品资源的可视化，并且为观众的线上学习带来了较强的互动体验感，充分发挥了数字技术的优势。

趋势2：教育游戏将成为科普信息传播的重要载体

游戏和教育的关系一直以来备受关注，尤其发展到互联网时代，教育游戏的潜力和价值有待进一步挖掘。国际上，一些知名科技场馆如芝加哥科学与工业博物馆、伦敦科学博物馆等都已推出一系列与科学知识相关的教育游戏。国内，故宫博物院在2014年就推出了iPad App"皇帝的一天"，通过游戏化的方式让儿童了解皇帝在紫禁城里的衣食起居、办公学习和休闲娱乐，之后还陆续推出了多款在线游戏。国际科技场馆对教育游戏的应用已相对普遍，国内文博类场馆也已紧随其后。而国内科技类博物馆对教育游戏的运用虽未成熟，但正在努力拓展科普传播的形式，教育游戏将成为其中的趋势之一。

2018年《第十次中国公民科学素质调查报告》指出，我国公民每天通过互联网和移动互联网来获取科技信息的比例已经高达64.6%，除电视外远超其他传统媒体。而游戏作为一种老少皆宜的互联网媒介形式，凭借富媒体传播、互动性传播、无边界传播等特性,势将成为有效承载和传播科普信息的重要载体。曾有加拿大学者巴格利分析了 2004~2012 年的《地平线报告》,发现报告中先后提出 37 项新技术,但是只有 7 项被后期的报告证实,其中"基于游戏的学习"排在第 1 位。① 我国也于 2015 年成立了中国教育技术协会教育游戏专业委员会,专委会表示游戏已经成为今天青少年的一种生活方式,全社会应该努力促进游戏产业的健康发展,让孩子们从游戏中受益而不是受害! 种种迹象表明,游戏在当今时代的重要性正在与日俱增,并将在学习及传播知识方面发挥重要作用。

科技类博物馆正在不断尝试各类信息传播手段,教育游戏将是博物馆实现传播科普信息的重要抓手。研究表明,当我们将注意力完全投入某件事情时,就全然忘记了时间的流逝,而游戏正有着这样的魔力,能够让学习者全神贯注投入其中,在游戏情境中进行知识的学习。鉴于此,为了推动教育游戏更好地发挥社会科普作用,国家有关部门和游戏公司纷纷携手,共同促进教育和游戏的有机融合。2019 年 3 月 26 日,由腾讯公司发起、中国科协科普部支持指导的"2019 游戏+科普峰会"在京举办,并正式成立"科普游戏联盟"。腾讯游戏、盛大游

---

① 〔加〕乔恩·巴格利(Jon Baggaley):《全球教育地平线:离我们到底有多远》,《北京广播电视大学学报》2012 年第 6 期。

戏、完美世界、哔哩哔哩等近40家企业加入理事单位，同时邀请古脊椎动物与古人类研究所、中国科学院计算机网络信息中心、北京天文馆、北京植物园科普馆等单位的15位专家组成专家委员会，共同推进联盟的专业化发展。确实，一款成熟的教育游戏不仅需要体现其游戏性，更需要注重教育性的体现，努力做到两者的平衡，才能让游戏成为教育的有效手段，真正起到科普传播的作用。

国内一些知名科技类博物馆也已先行一步进行了尝试，如上海自然博物馆、上海科技馆等。当然，在教育游戏大势所趋的当下，科技场馆有必要紧追时代浪尖，努力适应符合时代需求的科普知识传播方式。

2019年，上海自然博物馆就已推出了"自然探索在线"（Natural Adventure Online）这档在线教育游戏板块，分别以鸟类主题、昆虫主题、恐龙主题、岩石主题等七大主题展开，推出了20个趣味小游戏。值得一提的是，这些游戏囊括了与场馆展品展项相关联的知识内容，并结合了时下流行的侦探、闯关、探险等游戏元素。

2020年，上海科技馆围绕馆内展品和教育内容，结合科学、技术跨学科理念，全新开发了《摩擦力精灵》《江海鲟踪》《垃圾特攻队》《轮船首航记》《欢乐交响曲》5款在线教育游戏，让孩子们能够在游戏中掌握科学知识、学习科学方法、领悟科学精神。这5款游戏通过情境创设的方式,让玩家能够跟随游戏的故事线进行探险,同时融入了关卡、积分、虚拟货币、进度条等游戏机制,体现了教育游戏的趣味性和互动性。另外,孩子们在这些游戏中能够学习到物理、生物、环保、音乐等知识,体现了教育游戏的内容性和教育性。目前,上海科技馆正进行《长江三角洲物语》科普游戏的开发。玩家通过游戏,历经长三角地区新石器时代的自然地理事件,与各种动植物亲密互动,从而了解人类定居生活初期与自然的关系,理解现今生态文明发展理念的意义。[①]

澳大利亚国家海事博物馆曾推出一款教育游戏《航行》。游戏背景是19世纪初从英国将罪犯运送到范迪门(今塔斯马尼亚)。该款游戏的任务是要在最短时间内将犯人送去殖民地,并且达到最少的生命损失。玩家在游戏中需要制定决策,解决问题和冲突。这款游戏作为澳大利亚学校师生的在线教育资源,提供弹出式展览,如同在旅游中进行游戏。这样的游戏符合博物馆的主题,又通过生动有趣的形式向观众输入历史知识,并潜移默化地训练参观者的能力。另外,英国自然历史博物馆与七个文化、娱乐和教育领域的组织合作,开发了两款冒

---

① 王小明、张光斌、宋睿玲:《科普游戏:科普产业的新业态》,《科学教育与博物馆》2020年第3期。

险游戏，让参观者扮演侦探，利用虚拟技术参观博物馆，与栩栩如生的恐龙或机器人互动，其目的是让观众更好地了解古生物学家是如何工作的。英国科学博物馆的一款游戏，让玩家设计和测试他们的太空探测车，在游戏中了解工程师设计、测试、迭代的过程，这与博物馆中的展品相联系，让更多玩游戏的人在游戏中理解概念，更好地参与博物馆课程。

趋势3：其他被教育管理者看好的技术应用

本次调研中，我们请受访的博物馆教育部门管理者预测了近期比较有应用潜力的展教技术手段。在研究者所列举的诸多技术中，室内定位、用户数据分析、情境感知、扩展现实（XR）四项技术的发展给博物馆带来重要的机遇与挑战，被教育者看好。

发现1：室内定位

基于位置的服务是指利用各类定位技术获取定位设备当前所在的位置，以向用户提供信息资源和基础服务。室内定位技术利用 Wi-Fi、蓝牙、红外线、RFID 等技术手段，提供准确的位置信息。博物馆利用室内定位技术可以追踪用户参观路径，依据观众的访问位置生成热点图，对观众参观行为进行分析。

此外，博物馆利用室内定位技术能够聚焦最受欢迎的展品，发现观众的兴趣点。室内定位技术成为展品陈列、教育活动评估新的技术手段；室内定位技术结合不同观众的参观特点，给个性化导览带来新的解决方案。对于这项技术，由于在使用过程中定位信息会涉及用户隐私，博物馆在采纳时需更为谨慎。大英图书馆曾考虑在互动艺术装置中加入定位追踪，但用户认为这样会侵犯他们的隐私，后来这项计划被驳回，未能实施。

英国约克国家铁路博物馆（The National Railway Museum in York）利用 Wi-Fi 室内定位，预测观众在场馆中的位置，每个点代表一个观众的移动设备，绿点表示已连入 Wi-Fi，红色为信标检测到的设备，并且利用检测的设备数据生成展区热力图，记录观众在展馆的时间以及各时间段内的行为，从而展现观众的参观路线、在展区间的移动位置（见图1、图2）。

伦敦国家美术馆（The National Gallery）借助定位技术显示客流量最大的展区，预估观众在展品前的参观行为，计算最多的展品停留时间，这些数据被用来改善体验、明确观众的兴趣点、探索热门作品外容易被忽略的展品。伦敦自然历史博物馆（Natural History Museums）运用追踪技术，了解高峰时间段馆内恐龙展区的拥挤情况，并做相应的调整，更好地服务于观众参观活动。

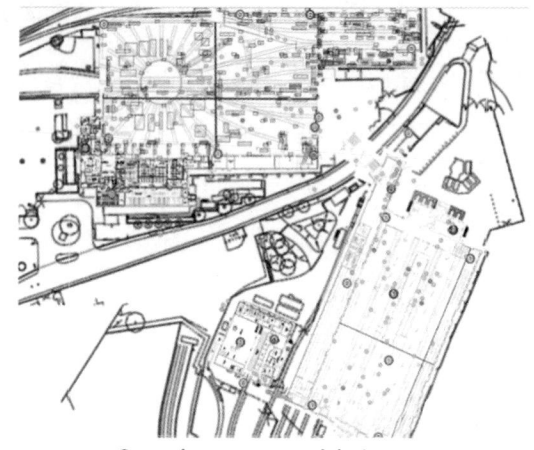

Green dots = connected devices
Pink dots = detected devices

图 1 英国约克国家铁路博物馆游客位置

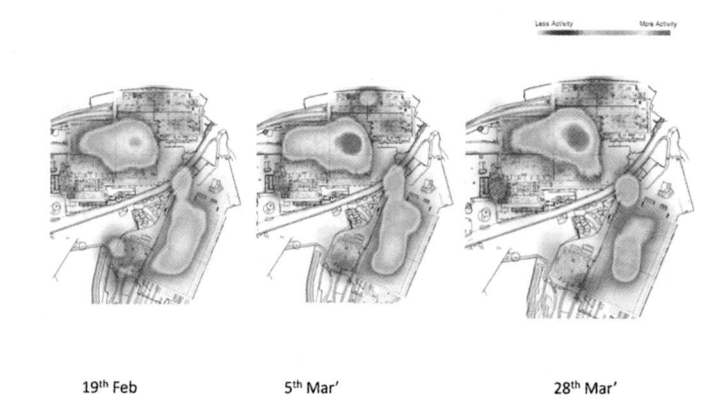

19th Feb   5th Mar'   28th Mar'

图 2 英国约克国家铁路博物展区热力

资料来源：https://www.gizmodo.co.uk/2017/04/exclusive-heres-what-museums-learn-by-tracking-your-phone/。

发现 2：用户数据分析

用户的行为数据被各个领域逐渐重视。用户数据分析是指通过各种工具和应用程序将用户的海量行为数据变成可读信息，为机构做出基于数据的、基于研究的决策，进而改进用户体验，提高服务效率。博物馆的销售系统、社交媒体、网站等产生了大量的数据，对其进行收集、分析，可以给博物馆运营和展教服务提供依据，了解游客和当地观众参观行为的一致性、受欢迎的展品、受众群覆盖面、藏品的优势和劣势、参观体验的方式以及观众的访问风格等。

博物馆对观众的行为数据进行分析，关注观众的行为，明晰其需求，进而设计满足观众需求的教育活动。此外，通过分析观众与博物馆展品的互动方式，改善展览的布局，可以为观众带来更好的参观体验，同时也为博物馆吸引了更多的目标群体前来参观。但需要注意的是，博物馆在进行用户数据分析的时候，要注重保护观众的隐私，并不是所有观众都认可这种做法。

大英博物馆通过收集和分析观众的参观数据，改进博物馆的语音指南和数字服务，利用数据来塑造观众的体验。这些数据也用来帮助博物馆管理者进行决策，比如延长开放时间或者改善音频指南等。

大都会博物馆通过分析研究在线用户行为、流量来源,更好地了解用户,提供启发式的体验,激发访问者探索更多艺术品。荷兰博物馆协会依据数据分析,明确博物馆观众特征,开设公共教育项目。

发现3:情境感知

情境感知是借助传感器或者相应技术,在特定情境下使得设备"感知"所处环境的信息。情境感知可以帮助博物馆实现信息的自动化和个性化推送。博物馆在展品或特定位置上安装信标,信标识别到移动设备后可推送信息。通过这种方式,博物馆可以让观众得到个性化的推送体验。除了特定展品的信息推送,情境感知技术也可依据观众在展品前停留的时间,推荐符合观众喜好的参观路线,包括提醒观众各展区正在进行的活动、引导所在位置附近的活动和展览,从而提高观众参观的目标性,优化整个参观过程的体验感。当然,情境感知技术并非只能独立使用,它也可以与馆内原有的语音导览相结合,为博物馆个性化导览提供新的思路。例如,博物馆可提供情境感知交互体验,这种方式赋予了博物馆开展讲解和教育活动更多的可能性,有条件的博物馆还可提供个性化的私人导览服务。

格罗宁格博物馆(The Groningen Museum)是荷兰第一

个使用情境感知技术的博物馆,在 2014 年一次展览中使用该技术,通过应用程序将关于艺术品的交互式内容发送给访问者,并且在排队等候时触发视频,带给观众独特的参观体验。

古根海姆博物馆(The Guggenheim Museum)在大厅内安装信标,信标追踪参观者在博物馆展品间的穿梭情况,以此发现参观者停留时间最长的展品。利用情境感知技术,博物馆在特定地点推送展品的相关音频、视频等,提高参观者与博物馆的互动性,创造无缝体验。

西里西亚博物馆(Silesian Museum)在应用程序中融入情境感知技术,为参观者提供了新乐趣。观众到达特定位置,用户的移动设备上便会出现一张卡片,每张卡片会有西里西亚地区的图像和相关说明,观众通过打卡收集不同位置的卡片,积累积分,解锁成就,在娱乐中潜移默化地提高了参与度。

费城艺术博物馆(The Philadelphia Museum of Arts)每年为亲子家庭举办"艺术飞溅"活动,2015 年博物馆在应用程序"A for Art Museum"中加入了情境感知。亲子家庭要在博物馆中找到与 26 个字母匹配的 26 件艺术品,借助博物馆中的信标作为寻路工具,并在到达相应位置后触发展品信息、音视频以及在真实场景中需要完成的游戏介绍。

发现4：扩展现实（XR）

扩展现实（Extended Reality，XR）是将物理和虚拟融合在一起或提供完全沉浸式体验的环境，包括增强现实（AR）、虚拟现实（VR）、混合现实（MR）和触感技术（HAPTIC）。

增强现实（AR）是一种将图像、文本或者声音等叠加在真实场景中的技术。博物馆环境中，增强现实可以为展品提供信息补充，将更多的资讯进行叠加。AR作为展品的数字版本，提供了增加三维空间的效果，将策展人与观众进行连接，用户站在展品前，举起设备，在屏幕上就可以"直接"操纵展品，栩栩如生的画面帮助观众了解新概念，融合真实展品和真实场景。AR仅使用日常移动设备，无须特殊设备，就可以"复活"人们至今未曾看到的物体，使几千年前存在的人和物"再现"，还允许访问者沉浸在虚拟世界中并重新创建整个物体的内部和外部。面向用户的交互式AR游戏，将教育变成娱乐，实现了寓教于乐。另外，博物馆在教育目标和新的博物馆理论中提及，讲故事是体验的核心。通过AR将相关技术交融实现交互式故事叙述，创建引人入胜的故事情节，这些故事情节可以带到博物馆外，也可以在参观过程中以不同的方式重新创建，体验永远不会重复，极大地吸引了观众的注意力。

虚拟现实（VR）通常需要使用者戴上特定眼镜，配合耳机甚至控制器进行体验。在博物馆环境中，虚拟现实可以用于观众随时随地欣赏展览、享受沉浸式体验、尝试全景式的参观、还原展厅展品难以叙述的场景。

混合现实（MR）是虚拟现实和物理现实的完全融合，用户在其中分不清真实与虚拟，其以微软的 HoloLens 为代表。在博物馆环境中，混合现实可以用于让观众沉浸在 3D 全息场景中，构建虚拟的对象，带领观众身临其境地感悟旧朝历史，让参观变成体验式和互动式二者的融合。

触感技术（HAPTIC）是通过给用户施加力、振动或者运动来创造触觉体验的技术。在博物馆环境中，触感技术可以用于提供用户更为真切的藏品"触摸"感官，感受纹理、粗糙度、硬度等，也为特殊群体（失明、聋哑等）带来新的观赏方式，增强了观众的直观体验和好奇心。

在以上几种技术类型中，博物馆教育部门比较看好在近期应用于教育的是增强现实技术。因为增强现实通过观众自带的智能手机即可实现，不需要额外增加硬件设备。随着其他应用领域的逐渐普及，内容开发的成本也有所降低。

史密森尼国家自然历史博物馆（The Smithsonian National Museum of Natural History）创建恐龙主题的 AR 体验，用户将相机对准目标，就可使恐龙骨骼和化石栩栩如生，还可以查看物种的实际大小模型（见图3）。

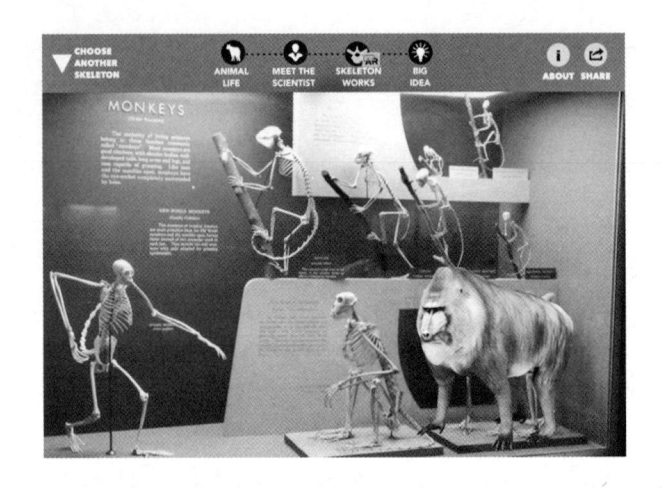

图3 史密森尼国家自然历史博物馆"Skin&Bones"展览中的技术

资料来源：https://www.smithsonianmag.com/travel/expanding-exhibits-augmented-reality-180963810/。

技术不断改变当代艺术，新加坡国家博物馆（The National Museum of Singapore）通过名为"森林的故事"的沉浸装置，将展览集中展示的作品变成了三维动画，游客可以通过下载的软件，与画作互动（见图4）。

另外，通过AR技术转化艺术品的展览，有些残缺的展品便可以变得完整。肯尼迪航天中心（The Kennedy Space Centre），借助AR技术帮助观众了解太空计划中的关键时刻，结合全息技术，展示太空计划中人的面部表情和声音，观众可以听到那些宇航员用自己的话讲故事，这为航天学习探索增加了不少的趣味（见图5）。

图 4 新加坡国家博物馆"森林的故事"沉浸展览

资料来源：https://www.nhb.gov.sg/nationalmuseum/our-exhibitions/exhibition-list/story-of-the-forest。

图 5 肯尼迪航天中心"英雄与传奇"展览

资料来源：https://blooloop.com/features/museum-vr-museum-ar/。

总结与展望

发展方向

(1) 扩大教育受众的覆盖面,体现平等和多样

国际博物馆协会(ICOM)为2020年国际博物馆日确定的主题为"致力于平等的博物馆:多样性与包容性"。研究团队在本次调研访谈和案例搜集中,特别关注了各博物馆对未来教育受众的思考。调研发现,各家博物馆都基于教育活动开展现状,设法拓展分众的服务人群。虽然目前科技类博物馆教育活动主要面向人群是小学生,但各家博物馆都在努力覆盖低幼、亲子家庭,设法吸引高年级的学生。不少博物馆开始构思面向老年人、孤独症儿童、行动不便人士等特定群体的教育需求并尝试开发相应的活动。

(2) 各博物馆建立教育活动的品牌,形成多样化的输出

国内的科技类博物馆容易给人留下展品展项趋同的印象。但这次走访调研,课题组看到各家博物馆都努力通过教育活动

对展品展项进行二次开发，并逐渐形成特色，培育品牌项目。而且，不少博物馆所开展的教育项目也使得博物馆成为其所在城市的一张教育名片。

从本报告的访谈结果看，各家博物馆对教育成果的转化和输出都持肯定态度，不少博物馆已开展相关的开发，向中小学输出教育资源包，向公众输出教育文创。还有博物馆为此设立专门的部门和专职岗位。教育资源的输出有利于博物馆介入当地教育生态，形成影响力。以馆校和研学为例，中小学对此需求巨大，扩大合作面、挖掘合作深度是近期的发展趋势。

（3）融合教学技术，开展线上教育

2020年的疫情使得中小学都经历了一场在线教育的考验。这无形中也让大众认识到线上资源的重要性。与此同时，各家博物馆均开启了在线教育的应对模式。博物馆的公众号、网站、视频号、虚拟博物馆都被挖掘来为公众提供教育服务。

本次调研发现，在疫情发生前，不少博物馆已开始线上资源的谋篇布局，积极引入信息技术，制作线上微课程甚至开发在线游戏来丰富博物馆的教育资源和科普渠道。相信在后疫情时代，线上线下如何融合，开展新型展教活动也会在博物馆行业中引发思考和实践。

相关建议

(1) 找准生态位,发挥博物馆在教育生态中的价值

科技类博物馆是重要的非正式科学教育场所,在所在城市及周边地区都扮演了重要的科学教育生态位,为中小学、家庭提供了独特的教育供给。但目前限于分属的体系、沟通的渠道和机制、教育主管部门对博物馆教育价值的认知,科技类博物馆还未能在教育生态中充分发挥作用。

本报告建议科技类博物馆加强与高校、所在城市教育主管部门、中小学的沟通,开展人员培训、课程开发、评估研究等各个层次的合作交流,深度参与到当地的教育生态体系中。

(2) 加强教育人才的培养和激励

科技类博物馆教育岗位所需要的是既有理工科等基础学科背景,又有科学教育、科学传播等应用学科背景的复合型人才。从招聘现状来看,此类复合型人才十分稀缺。大多数教育人员对科学知识的理解和应用尚存提升的空间,在科学知识和科学能力的不同维度上,教育人员的得分情况也存在差异。调研发现,目前科技类博物馆教育人员的教学设计能力有待提高。建议博物馆与高校相关专业建立合作关系,可采取联合培养、委托定向、职后培训等多种模式。

另外,博物馆引进相关人才后,需要给予晋升通道和与付出匹配的激励。调研发现,博物馆的教育人员面临缺少职称晋升渠道、职称发展通道不对口的现状,评审标准和工作不匹配也造成了人员的不稳定和流失。教育人员对工资水平的实际感受和满意度低于平均分,多数教育人员认为工资水平一般,且对现有的收入水平不太满意。建议政府加大对相关政策的研究、制定、试点和推广力度,对博物馆教育成果转化提供政策奖励和支持,奖励政策也能起到激励教育人员从事教育成果转化的积极作用。

研究展望

在研究内容方面,此次报告由于时间有限,组织部分主要通过访谈进行调研,未来希望进一步加入国际先进博物馆管理案例分析,并推动富有中国特色的博物馆政策的研究和制定。人员部分仅涉及科学素养、教育素养和履职动机三个指标,期望第二轮能针对工作能力等进行更全面的调查。此外,希望能够进一步建立完善博物馆科学教育者科学素养测试题库。有关博物馆的法规政策也有待梳理和分析,以保障和促进博物馆教育工作的发展。教育部分希望能够呈现更多博物馆的最佳实践案例,为行业提供参考。技术部分本次未对中长期趋势做预测，未来希望引入更多技术领域的从业者和专家共同进行研判。

在研究方法上，研究团队未来希望能结合大数据分析，邀请跨领域的行业专家进行共同评估，进一步丰满报告的内容，增加权威性。

后 记

几经周转,在中国科普研究所的资助和鼎力支持下,《北极星报告——科技类博物馆教育活动研究(2020)》终于面世,整份报告从最初的构思到最后的出版,历时一年之久。这份报告凝聚了诸多博物馆同行和相关研究团队的智慧与力量。

首先,诚挚地感谢北京天文馆、北京自然博物馆、重庆科技馆、福建省科技馆、广东科学中心、合肥科技馆、黑龙江省科技馆、呼和浩特市儿童探索博物馆、江苏省科学技术馆、辽宁省科学技术馆、山西省科学技术馆、上海交通大学钱学森图书馆、上海科技馆、上海中国航海博物馆、上海自然博物馆(上海科技馆分馆)、索尼探梦科技馆、厦门科技馆、郑州科技馆、中国地质博物馆、中国科学技术馆等 20 家博物馆(按音序排列)的鼎力支持。从联系接洽到走访调研,各个馆都给予了最大程度的支持。

本报告的完成,离不开团队成员的辛苦付出。这是中国科普研究所、上海科技馆、上海师范大学三家单位共同努力的结果。上海自然博物馆(上海科技馆分馆)朱峤、邓卓和杨梦霞参与了 20 家场馆的实地走访，承担了科技类博物馆教育人员的素养测评工具设计、数据分析，以及组织、人员部分的报告撰写等工作。上海师范大学教育学院教育技术系 CidLab 教育实验室顾怡雯、饶加玺、杜贵颖、吕垚、李燕、张佳怡、田珂、汤婉琴、潘悦等同学参与了场馆的实地走访、后期资料整理和报告撰写等工作。

最后，感谢在《北极星报告》成稿过程中提出完善建议的很多专家。感谢本报告的编辑张媛，从报告的体例、版式到内容编辑，编辑老师都提供了非常创新和专业的建议。

还有很多为本报告提供过帮助的人，在此不能一一罗列，谨此向他们表示由衷的感谢。

图书在版编目(CIP)数据

北极星报告：科技类博物馆教育活动研究.2020／鲍贤清，顾洁燕，李秀菊著.--北京：社会科学文献出版社，2020.9
ISBN 978-7-5201-7118-2

Ⅰ.①北… Ⅱ.①鲍… ②顾… ③李… Ⅲ.①博物馆-社会教育-教育活动-研究-中国 Ⅳ.①G269.23

中国版本图书馆CIP数据核字（2020）第152026号

北极星报告
——科技类博物馆教育活动研究（2020）

著　　者／鲍贤清　顾洁燕　李秀菊

出　版　人／谢寿光
责任编辑／张　媛

出　　版／社会科学文献出版社·皮书出版分社（010）59367127
　　　　　　地址：北京市北三环中路甲29号院华龙大厦　邮编：100029
　　　　　　网址：www.ssap.com.cn
发　　行／市场营销中心（010）59367081　59367083
印　　装／三河市东方印刷有限公司

规　　格／开　本：889mm×1194mm　1/32
　　　　　　印　张：7.875　字　数：149千字
版　　次／2020年9月第1版　2020年9月第1次印刷
书　　号／ISBN 978-7-5201-7118-2
定　　价／89.00元

本书如有印装质量问题，请与读者服务中心（010-59367028）联系

▲ 版权所有 翻印必究